2022 年度山东省基础教育教学改革项目资助

"乡镇初中'一体两翼'差异化教学体系研究"（78 号）

乡村体育教育的引领者

一位特级教师的自我成长叙事

崔建斌◎著

万卷出版有限责任公司
VOLUMES PUBLISHING COMPANY

图书在版编目（CIP）数据

乡村体育教育的引领者 ： 一位特级教师的自我成长
叙事 / 崔建斌著 . -- 沈阳 ： 万卷出版有限责任公司，
2025. 8. -- ISBN 978-7-5470-6777-2

I. G633.96

中国国家版本馆 CIP 数据核字第 2025T7A626 号

出版发行：万卷出版有限责任公司

　　　　　（地址：沈阳市和平区十一纬路 29 号　邮编：110003）

印　刷　者：武汉鑫佳捷印务有限公司

经　销　者：全国新华书店

幅面尺寸：170 mm×240 mm

字　　数：140 千字

印　　张：10

出版时间：2025 年 8 月第 1 版

印刷时间：2025 年 8 月第 1 次印刷

责任编辑：邢茜文

责任校对：郑云英

图书策划：原鹿出版

ISBN 978-7-5470-6777-2

定　　价：88.00 元

序

在这个竞争激烈且互联互通的时代，往往会忽视在偏远乡村默默耕耘的教育工作者。建斌老师一生一校、一生一科、一科一生，在乡村体育教师岗位上奋斗耕耘，他把自我成长中精彩事件著成书，表达了农村教师的自觉成长，深感欣慰。他嘱我作序，我颇为自豪。

建斌是一位地处鲁西北一处偏远初中的乡村体育教师，耳闻目睹他是一位勤奋执着的体育教师，曾多次为了自我成长而自费外出学习，不断充实自己。2011年我们曾有过一面之缘，而真正的相识则是在2019年。当时他参评山东省齐鲁名师建设人选，聊城市教育局为参评教师举办了模拟答辩沙龙。沙龙在聊城大学举行，我是首席指导专家，模拟答辩过程中，我数次被他的体育育人故事所打动，留下了较为深刻的印象。2022年后，我应邀到临清市烟店镇中学进行课改指导，相识相知的机会就更多了，我对他的了解也更加深刻了。

我认为，他是一个热爱学习的人。从第一章《追溯：我专业成长路上的足迹》可以看出，无论是求学时期，还是工作以后，他一直在学习的路上。热爱学习是一种高贵的品质，在烟店镇这一重商主义盛行的乡镇，坚持终身学习尤其难能可贵。他在完善学历的过程中学习，为自己一次次学历提升做着准备；他在培训中学习，在与校外的同行交流切磋中不断成长；他在实践中学习，不放过每一次成长的机会，为自己的专业成长添砖加瓦；他在反思中学习，用几十年如一日的反思日记记录着自己成长的历程，在反思中不断成长。教师们如果能从此书的阅读中学会其中的几点学习方式，对自己的专业成长定有裨益。

我认为，他是一个有故事的人。第二章《梳理：我专业成长路上的收获》详细叙述了崔老师成长过程中的收获，很多故事、很多案例令人感动。从众多收获中，他在求学中成绩优异，是他学习与训练兼顾的结果，为众多体育生提供了学习范例。只训练不学习是难以成才的，用两条腿走路，才会平衡，才会踏实，才会长远！工作中，建斌老师带领本校体育老师立足烟店镇中学的实际情况，探索体育教学模式，促进了学校教改，使全体体育老师获得成长，改进了体育教学方法。在班级管理中，他因材施教、有的放矢，让一些诸如轩轩这样的孩子，从迷茫中走向光明，在班干部和自身学习中找到成长点，从学困生成长为学优生，体现了真正视差异为资源，让学生走出烟店，去看看外边精彩的世界！这也为更多的班主任提供了借鉴。故事看似简单平凡，却意义深远！他把体育与育人相结合，注重从生活工作中发现人才，可以在遛弯儿时发现运动员，可以在训练比赛中发现特长生，再进一步通过思想交流和自身影响力，给学生提供支持，一步步将学生送到国家需要的地方，让他们成人成才。这体现了他立德树人的教育理念，展示出作为体育教师的责任担当。

建斌老师在自我成长中，体现了他是一位终身学习的人。他的读书写作等学习习惯昭示，只有教师的好好学习，才会有学生的天天向上。他告诉我，在他的影响下，班里一名叫语萱的同学，利用业余时间在三四天的时间内就把《红星照耀中国》一书读了大半。我相信在他的影响下，还会有更多的孩子会像语萱那样自觉阅读，通过阅读改变自己的命运！

建斌老师从一名体育教师成长为一名学校管理者，在管理岗位上同样做得有声有色。他创造性地在学校实施半天无课日教研，极大地提高了学校集体教研的效率。他积极主动地参与了差异化教学改革的实验，并为总结性成果"思维澄清课堂——临清市烟店镇中学差异化教学改革探索"殚精竭虑，真正体现了一位特级教师的引领作用，服从、主动、踏实的品质，为学校发展、学生全面发展全身心奉献。

我认为，他是一位以校为家的人。每天早晨，他迎着朝阳到校，每天晚上披着星辰离开，这就是 28 年来他以校为家的写照。在这里，他备课读书；在这里，他教育教学；在这里，他巡课管理。正如众多体育老师一样，扎根乡村教育，默默无闻，踏踏实实，一如既往地投入其中。他扎根乡村，热爱教育，喜欢学校，呵护学生，热爱生活，快乐自己！这种生活状态，一直影响着周围的老师和身边的学生，用正能量感染师生，一起工作学习，一起读书锻炼，一起热爱生活，一起向梦而行！

本书第三章《析理：我专业成长的归因》分析了影响他成长的因素，首先他是一位有梦想的老师。家庭的教诲，让他有了教育初心，有了学习目标，有了学习动力，这种内驱力成为源泉，激励着他坚定地向梦而行；其次，他受到了国家政策的帮助，作为乡村教师，这是机会，也是机遇。只有愿意不断学习的人，才能在机会到来时抓住机会，为圆梦做好铺垫。这也从侧面体现了他对党和国家的感谢，把小己和大家结合起来，深怀感恩之心，才会有报国之志。这让后面对恩师的感激就顺理成章了，有让他做班干部的康老师，有带着他训练的刘老师，有引领他成长的郑老师和杨老师等，无数对恩师的感恩表于字里行间，有对过往的回忆，有对恩师的浓浓的师生情的细细描述，这就是一位乡村体育教师的状态，他的一言一行，也将影响着他身边的老师、学生及家长，让他这个班级、这所学校及更多的人，更加热爱生活、热爱工作、热爱学习！同时，本章也书写了他参与的心语团队和他所在的学校，表达了只有学习的平台，只有组织的支持，才能让他发挥价值、实现价值！

在本书第四章《反思：我专业成长的启示》中，他主动承担学校的教育责任和使命，主动担当，把学校当作自己的家，发挥主人翁的作用。无论是教研活动，还是艺体工作，他主动发力，敢于担责，不怕吃苦，带头去做。他负责的工作成绩斐然。为了更好地做好教育教学工作，他制定自己的人生规划，带领水城名师体育领航工作室成员，每周研讨，研读课标，坚持读书，每周分享；在体育人才培养中，他善于发现人才，坚持训练，适时进行思想教育；对于自己，他制订计划，主动学习，坚持读书，坚持写作，在公众号上进行更新，不断提高自己的阅读和写作能力，提高写作水平。通过学习，提高了认知，改变了理念，践行了实践，提高了能力，养成了习惯，改变了命运。这所有的一切，归根到底源于他对教育的热爱，在于他的责任感和事业心，在于他对教育的无比的热爱。

最后，我想写下几句话，告诉读者：

如果你是一位一线教师，可以阅读此书，它可以让你拥有满满的正能量，激情澎湃地从事教育教学工作。

如果你是一位校长，可以带领老师一起阅读本书，一定会带给大家一份感动，一份来自教育的幸福感。

如果你是一位正在读书的学生，通过阅读本书，会产生我也要献身教育、奉献学生的愿望。

没有爱就没有教育！阅读本书，会让你感到自己正在与一位扎根乡村教育的体育特级教师进行时空对话，你正在奔赴更好的自己。

于源溟

中国高等教育学会语文教育专业委员会副理事长

教育部"国培专家"入库专家

教育部师范认证专家

2024 年 11 月

前 言

自初中初次参加田径运动会，直到今天，我一直在思考，用什么样的文字，用哪几个词语来凝练我，一位乡村体育教师28年来的点滴体会和收获？今天，我终于找到了，用几个词语来概况我从教以来的收获。

一、追求梦想

俞敏洪老师一直是让我肃然起敬的人。他出生在一个普通的农村家庭，在物质匮乏的时代，他每天要花费将近两个小时的时间，走十几千米路才能到达学校。尽管艰苦，但出于对知识的渴望，他不畏艰辛，一直走在求知的道路上。虽然他出身贫苦，甚至还受到质疑和冷嘲热讽，但他没有气馁，相反，这更激起了他内心的斗志，他用行动和实力证明自己，用才华扭转困境。于是，他每天晚上在黑暗中坚持自习，每天背诵英语单词。他用日积月累的努力提高了自己的成绩。在高考前的最后一次模拟考试中，他超过了所有人，成为年级的第一名。

俞敏洪老师的经历启发我，不管所处的环境有多么困难，只要拥有坚定的信念，相信自己，马上行动，努力坚持，就会创造奇迹，就可能实现自己的梦想。

二、改变认知

我与爱人曾经有过一次非常值得回味的谈话，她问我："如果你在那个阶段没有认识郑立平老师，你会怎么样？"这句话还真把我给问住了，我无法回答，因为人生没有假如。在那个特定的时期，我处于人生的低谷，感到倦怠、迷茫。恰恰这时，我认识了郑立平老师，走进心语，积极主动参与团队的各种活动，郑老师就是我教育生涯中的贵人，他对我的影响是深远且多方面的，他以其独特的见解为我个人发展指明了前进的方向，他的话语和行动激发了我的勇气和信心，让我在逆境中保持坚韧不拔的精神状态，不断追求进步、努力成长。因此，我更加珍惜与郑老师的每一次交流。这种积极的状态改变了我的认知、行动、习惯和命运，我走出了狭隘的自己，看到了外面精彩的世界，得到了更多学习的机会。这都是贵人的引领、团队的影响带给我的改变。

三、体现特色

我校通过半天无课日教研活动，在全体教师的努力下，各学科教学模式已经完善，而体育与健康的模式还未成形。所以，体育组全体成员从校情、学情出发，结合其他学科模式，终于探索出体育学科教学模式的雏形。我们的教学模式以学生为主体、以学生学习探索、练习、展示或比赛为主，以同心互助二人小组为学习方式，调动学生的积极性，注重对学生的实际操作和实践能力的培养，通过多种教学手段和方式，激发学生的学习兴趣和动力，更好地满足不同学生的学习需求，这种具有我校特色的教学模式，在我们今后的实践中将不断完善。

四、主动创新

教学改革旨在促进教育进步，提高教学质量，实现教育现状有意义的转变。2019 年，我校一直在教改的路上，改进教研模式，引入半天无课日教研流程，在精细管理、精心育人的基础上，课堂改革按部就班进行。学科教学模式，经过各学科骨干教师的群策群力取得很大进展，公开课、展示课轮番登场，现场会、展示会接连召开，为我校做好教研工作起到了促进提升的作用。我们体育人也不甘落后，主动积极，创新性提炼教学模式，根据模式进行备课、上课、研课，我们全体教师走在教研的路上。

五、热爱教育

当我们在选择了教育的瞬间，我们就与教育心系一起，用心做教育，用爱心、耐心真诚地赏识每个孩子，去尊重他们、爱护他们。"什么是教育，教育就是生命孵化生命，人格熏陶人格，品行影响品行，情感点燃情感。"一句朴实的话，道出了陶行知先生对教育的理解，也道出了我们对教育应有的态度：用心去做温暖的教育，做学生的摆渡人。记得《麦田的守望者》那句名言："我就站在这破悬崖边上，我要做的，就是捉住每一个跑向悬崖的孩子——我是说他们不看方向的话，我就得从哪出来把他们捉住。我就整天干这种事。我就当个麦田守望者得了。"我们班级的每个孩子，我们需要陪伴他、呵护他、引领他，让他明确方向、激发动力、走向诗和远方！正是这样的初心，我在管理中发现了轩轩们，在训练中发现了娜娜们。只有缩小差距，学生才会亲其师、信其道。教育才会实现育人成才的目的。

六、坚持阅读

阅读不仅对个人的成长有着深远的影响，还推动着社会的进步和文化的传承。因此，重视阅读，培养良好的阅读习惯，从中获取知识和智慧就显得尤为重要。苏联大文豪高尔基，他出生在沙俄时代的一个木匠家庭，因为家境极为贫寒，10 岁时，就走入冷酷的"人间"，当学徒，受尽苦难生活的折磨，但他十分喜欢读书，在任何情况下，他都要利用一切机会，扑在书上如饥似渴地读着。正如他自己所说："我扑在书上，就像饥饿的人扑在面包上一样。"他为了读书，受尽了屈辱。在劳累一天之后，用自制的小灯，坚持读书。因为读书，他挨过老板娘的毒打。他说过："假如有人向我提议说：'你去广场上用棍棒打你一顿！'我想，就是这种条件，我也可以接受。"由于高尔基一生如饥似渴地读书，坚持不懈地努力，他写下了大量有影响的作品，如《海燕》《母亲》《童年》《在人间》《我的大学》等。

读过高尔基的故事，我为之感动，他的读书条件与我们相比简直是天壤之别。在那样的条件下，他还获得如此成就，这是努力阅读的结果。过去，我读书不多，有时还囫囵吞枣，正因如此，我读书质量才不高、成就才不大。好在，我现在知道读书了，愿意读书了，买书、读书、写作，已经成为常态，阅读已成为我生活中不可或缺的习惯。

七、锻炼口才

我一直有一个不足，就是在公众场合讲话紧张。记得去年暑假，在济南南山区总结发言时，本来我的发言稿已经准备好了，站在四五十人面前讲话，汗出来了，腿发抖了，语音颤了，很多人听出来了，看出来了。本来也没什么，大家都是熟人，可就是紧张。追究原因是平时在公开场合讲话次数少，准备不充分，内容不熟练，讲话对象有区别。记得一位优秀教师分享她的讲话经验是，每次讲话前，准备好发言稿，自己提前多次练习，记录时间，进行录音，进行比较，发言效果就不错。我也尝试运用，数次讲话过后，讲话质量和效果明显提高，多练是最好的方法，不要怕人多，不用管对象，"人在心中，目中无人"可能是最好的解读。通过数次锻炼，我的演讲能力在一点点提高。

八、坚持健身

通过健身，我们可以增强体质，塑造健康体态，改善心理健康，增强社交互动，并提高生活质量。我特别喜欢健身，也写了很多篇关于健身的小文章。我感受到，除了体育课、阳光大课间进行集体活动健身以外，业余时间，特别是周末宽松的时间，是我最美好的时光，它释放的内啡肽等快乐激素不仅可以减轻压力、焦虑和抑郁，提升心情，减少体内脂肪堆积，提高肌肉质量，还塑造健康的体态，增强自信和自尊心。活动场所给我提供了交流和互动的平台，增强了社交联系。如果在平日，我会忙于工作，而在周末，你远远地听，乒乓球室就传出我们爽朗的笑声，虽然我们大汗淋漓，但收获了别人用金钱买不到的东西，那是快乐，那是释怀。这才是健康，这种快乐和健康，更需要传染给学生，让他们感同身受，这就是健身的意义。

九、感恩他人

牛顿说："只有心怀感恩，才能欣赏到生命中最美好的风景。"李凤老师在文章《我的恩师曹津源先生》中这样写道："我虽愚钝浅陋，但三生有幸，受教于恩师，师父智慧、慈爱、温雅、严谨，自然成为大家崇敬、亲爱的'家长'。遇到困惑，我想到的第一个人一定是师父，而师父总能举重若轻，拨云见日。"她句句彰显对恩师的仰慕之情。回想这些年来，做我的班主任、教过我课程的老师很多，他们传授我知识，教会我做人，给予我许多帮助。几十年来，我一直想用我的笔记录下他们对我的关爱，记录我们曾经的点点滴滴，今日终于梦想成真。我们要学会感恩，感恩那些为我们提供受教育机会的人，感恩那些在我们求学路上给予指导和帮助的人。我们在回忆师恩的同时，也在教育教学中对学生进行感恩教育，让他们把感恩之情铭记于心，感恩之行生生传承。

我在求学时学会了努力，在团队中获得了成长，教学时探索了特色，教改时采取了主动，读书时掌握了阅读，讲话时锻炼了口才，健身时收获了健康，体验中懂得了感恩。努力让我不断前进，感恩让我心怀感激。工作28年来，我一直坚守在乡村学校，每天早来晚走，以校为家。因为选择了教育，选择了学校，选择了学生，每天就是充实的，每天就是快乐的，每天向梦而行，这就是幸福的！

以此为文，献于大家！

崔建斌

临清市烟店镇中学

2024 年 10 月 16 日于轴乡华府手写斋

目 录

第一章　追溯：我专业成长路上的足迹.......... 001

第二章　梳理：我专业成长路上的收获.......... 025

第三章　析理：我专业成长的归因............. 096

第四章　反思：我专业成长的启示............. 109

后　记 137

第一章　追溯：我专业成长路上的足迹

　　我于临清市烟店镇中学从事体育等学科的教学工作已 28 载，在平凡的岗位用爱心与热忱书写着属于自己的故事。本章致力于梳理在成长历程中累积的丰富资料，为使内容表述更为条理清晰，选取求学历程与工作历程作为切入点，回溯个人在专业成长道路上留下的足迹，旨在为后续的自我叙事做好铺垫。

第一节　求学之旅：因努力而收获

　　1975 年，我出生于康庄镇东崔楼村，在贫困而朴实的农村我度过了我的童年。1993 年，我完成了初中阶段的学习。怀揣着父母的期盼和老师的教诲，体验着中学求学之难与师范就读之乐，开启了我的求学之旅。

（一）"初生牛犊不怕虎"

　　初三最后一个学期，我们学校组织了一次田径运动会，各班都组织学生报名。我是班干部，责无旁贷要带头报名参加比赛，这是我第一次参加田径运动会比赛。如今，我已经忘记了参加这次运动会的具体过程，只依稀记得参加了两个项目，一项是 200 米跑，另一项是 800 米跑。

　　那个年代，学校组织运动会的次数太少了，都到初三了，我连蹲踞式起跑和站立式起跑都分不清楚，不知道怎么能跑得快、怎样去呼吸，我就是在这种情况下，走上石灰水泥浇筑成的赛道，开始了人生第一次田径比赛。赛前，关于田径项目中的佼佼者，我有所耳闻，特别是于林村的于同学，据传他在短跑项目上表现非凡，速度之快，堪称一绝。可以说，他就是我挑战的对象，我要战胜他。那时比赛不用听发令枪的枪声，只有发令员的"各就位——预备——跑"声音，只有用白灰画好的还算直的分道线。我是紧张的，也是兴奋的，因为我能看清前面的终点线，余光中还有那位模糊可见的于同学，心中既有挑战，也有忐忑。

那次 200 米跑，因为班级不多，没有预赛，所以预决赛一气呵成。当我听到发令员的"跑"字发出，我如离弦之箭般冲出，也就那么几十秒，没有酝酿，也没来得及换气，就这样，我一鼓作气完成了人生第一个 200 米跑项目，自己也不清楚究竟是第几名，只是感觉自己似乎冲在了最前面。比赛结果，我是第一名。接下来，我还参加了 800 米跑，这次人数不少，高矮胖瘦均有，我在其中很一般，但是我一直全力跟随，当时，没有人告诉我，呼吸要有节奏，要主动呼气，也没有人告诉我跑步中怎样克服极点，进入第二次呼吸，自己就是凭着满腔热忱，完成了 800 米跑，竟然跑了个第二名。这次比赛，我得了两张奖状，拿回家后，母亲高兴地用白面糨糊贴在了墙上。随着时间的流逝，我们家的住处更换了，那两张奖状也不翼而飞。

反思：关键事件指在一个人生活中标志着一个重要转折点或变化的事件或情境。2008 年 9 月 25 日，刘伯明作为"神七"任务的航天员之一，圆满完成了载人航天飞行任务。2021 年 6 月 17 日，刘伯明再次入选神舟十二号飞行任务乘组，成为中国首次进入自己空间站的航天员之一。刘伯明激动地说："我庆幸自己赶上了一个伟大的时代，有幸参与载人航天这个伟大的事业，有机会通过多次飞行，来报答党和人民的培养。"这两次关键任务不仅让刘伯明成为中国航天领域的杰出代表，也展示了中国航天事业的巨大进步。刘伯明的成功激励了无数航天人，也感动了我。对我来说，初次参加田径运动会，也是关键事件。

对于如我一样的学生，在各个阶段，学校和体育老师就应该创造更多的展示和比赛机会，让学生体验比赛、体验成功，不断提升自信心，相信自己是最棒的。这样，就可以认识到自己在哪方面有实力，无论是生活中，还是学习上，都会激励自己勇敢地去尝试，去争取更多的机会，从而改变自己的人生命运。

（二）全力以赴，学习训练两不误

因为有了参加运动会的体验，我认为我应该利用我的体育优势参加考试。所以，我在中学复读了一年。如今，学生实行义务教育，是不用复读的，但那个时代，复读是很正常的事情。

在那个考学异常艰难的年代，我开始了体育训练之路。当时，我就读的临清市第二中学，正处于学校体育训练的高峰期，参加体育训练的学生特别多，一些体育素质较好、学习成绩一般的学生，都陆续加入体育训练中来。如果说我初三还可以的话，真要是按照体育生的标准来讲，我就差了不少，就连进入体育队进行训练都比较勉强。无论是身高还是素质，我只属于特长生里面的一般学生，差一点儿就被拒之门外，还是多亏了正在训练的表弟的帮助，我才勉强走进体育专业训练，开始了我正式的体育训练之路。开始训练后，我的弱点暴露出来，个子不高，无论是跳远、推铅球还是长跑，我都没有优势，就只能咬紧牙关硬撑。每天早晨早操前，我们就开始晨跑，我们的教练刘在志老师对我们特别严格，但对队员又特别好，我就时时处处感受到刘老师慈祥的关怀。因为自己的基础比较差，我就主动练习，没事的时候就主动和刘老师交流，从中得到他的数次指导。记得有一次，我去刘老师的家，他专门嘱咐我："既然基础差，就要多下功夫，认真学习，别人不练，你自己练；别人不学，你主动学。"听了恩师的教导，我开始了自己主动加强训练的模式。每天早晨晨跑结束后，大家都到教室学习了，我就拿一个 5 千克的铅球，在训练场地训练。我专门准备了几根小木棍（没用小铁旗），每次我投出铅球后，就在铅球最近落地点插上一个小木棍，一次次投，一次次插，哪次最远就放在哪个地方，功夫不负有心人，我用 5 千克的铅球练习了若干天，铅球成绩总算有了较大进步。记得在最终的体育考试时，我用 4 千克铅球投出了 11.5 米的成绩，就快满分了，我知道这是我数次苦练的结果。

为了提高自己的长跑成绩，我除了跟随大家一起训练长跑外，每周四下午第四节课的时间，自己独自在学校外面的土路上，进行变速跑训练，我沿路一路跑下去，一会儿进行加速跑，一会儿进行慢跑，周而复始地进行。这样，我从学校大门口一直跑到离家有一千米的西崔桥头，然后，我再掉头向回跑。我经过几十次这样的训练，长跑成绩有所提高。在最后的体育考试时，我 800 米跑成绩 2 分 17 秒，一个别人感觉一般、我自己认为满意的成绩。

训练的同时，我也没有忘记学习。每天下午训练完毕，我们体育生先进行放松活动，然后利用第一节晚自习时间，到学校东侧的棉场去吃饭。棉场食堂是对外开放的，有馒头、大米饭和肉菜，我一般快速赶到，快速吃完后，立马赶回学校去学习。部分队友由于训练强度过大，时常会选择延长休息时间，久而久之，在一定程度上影响了他们的学业成绩，最终留下了遗憾。我知道学习的重要性，即使体育成绩再好，如果文化课不行，最终也会名落孙山。在考学前的这些日子里，我谨记自己的目标，我不和任何人比，只要求自己体育训练和文化学习两样都不能落下，都不能差。

我严格要求自己，在体育训练与文化学习上均力求卓越，不容有丝毫懈怠。我深知体育训练对营养需求的严苛性，但充分体谅家庭的经济状况，不愿为之增添额外负担。然而，正因为过度的自我克制，我未能充分满足身体所需的营养，最终导致营养不良，在训练过程中体力不支使我的左脚受伤了。好在这时体育专业考试已经结束了。即使这样，我在中考体育测试中，1000米跑还跑出了3分15秒的成绩，比现在许多学生的成绩还好许多。体育考完了，我全力以赴准备文化课考试，在体育生里，文化课学习是我的强项，我终于如愿以偿地走进了我心仪的学校——山东省聊城师范学校。

天有不测风云。就是在1993年那个暑假，我尊敬的刘老师因病离世，我都没有来得及亲口对他说一句感谢，他就离开了我们，我只能用自己的行动，来报答刘老师对我的再造之恩。三十多年过去了，我一直把刘老师作为终身学习和教育教学的榜样，我要为体育教育事业奉献自己的一切！

反思：中学时代的训练，给我留下了极为深刻的印象，回想往事不堪回首。那个艰难的岁月磨炼了我的心智，时时想起我的恩师刘在志老师，时时想起一起训练的队友们，那是一段难以忘记、值得铭记的岁月，痛并快乐着！

（三）始于期待：谨遵父母教诲，报考师范

父亲从事乡村教育工作十几年，作为民办教师的他，一直希望我从教。我遵从父母的期待，和自己的想法相结合，我成了人民教师的"预备役"。

那个时代，高考上大学的指标少得可怜，初中报考师范是当时的流行趋势。中专毕业后就可以直接就业，如果考上师范，就如同现在的公费师范生，工作包分配，铁饭碗。父亲在村里小学工作十几年，虽然工资不多，但作为民办教师的威望高。可惜的是，他在20世纪80年代下岗了，这是他的终生遗憾。当然，后来国家也给了他这样被辞退的老教师一些

补助，但对他来说，总归是个遗憾，所以，我就读师范的选择，包含着他对我的期望。

我那时候懵懵懂懂的，不晓得整个社会上的就业行情，自己唯一清楚的是在那个物质匮乏的乡村，教师是个稳定又体面的"铁饭碗"，能被师范录取，就意味着我的工作没问题了。在初中时我因为努力学习，成绩不断提高，有时还能名列前茅，所以，我的父母对我寄予厚望，希望通过系统培养，我将来也能成为一名合格的人民教师。我就是在这种情况下，开始了愉快的师范求学生活。

（四）欣然就读：全力行动奠基础

既来之，则安之。我既然选择了师范，我的学习目标和未来的职业定位就是清楚的。学校开设了种类多样的体育课程和文化课程，我如鱼得水，得到了专业而全面的培养，为我后来的专业成长奠定了良好的基础。

1996 年 10 月 15 日，我走进了向往已久的聊城师范学校，开启了我的三年师范生活。初入师范，我的学习生活与原来相比发生了翻天覆地的变化，我由原来的紧张备考进入轻松有序的学习生活，无论是外堂体育课的训练、内堂文化课的学习，还是闲暇时光的运用，我都在有条不紊地进行，可以说，我在师范中度过了三年充实而快乐的时光。

外堂体育课，这是我们体育班学生的主项，每个学期都要开设几个项目，以田径项目为主，其他项目轮番上场，给我印象最深的就是田径项目的学习训练。我们的田径教练是陈丽君老师。当时，她刚刚从北京体育学院毕业，我们是她的第一任学生，她的专长在于短跑，听说她在100 米项目上能跑出 12 秒多的佳绩。这样的成绩，即便是对于男生而言也相当可观，更何况是对于女生来说，更是难能可贵。所以，在田径教学方面，陈老师是非常专业、非常擅长的。我们93 级体育 2 班，在陈老师的带领下，进行了为期三年的田径项目的学习，从短跑开始，然后学习跳远（蹲踞式、挺身式）、长跑、跳高（跨越式、俯卧式等）、跨栏等项目。在田径项目上，我们也是足够幸运，陈老师用她在全国最高体育学府学到的体育知识和技术教授我们，让我们受益终身。

我们的篮球教练是刘冬青老师。那个时候，篮球项目我们学习了一个学期，如同2022年版课标里提倡的大单元教学，我们系统地从投篮、运球、掩护、协防、战术、规则及比赛各个环节进行系统学习，整体掌握了这个项目，再加上平时每节课的体能训练，可以说，那个时代进行的项目学习，为我们今天进行大单元教学奠定了基础。刘老师作为我们一年级的班主任，给我印象最深的就是学校组织的拔河比赛，我们2班战胜了91级体育班，作为奖励，他给我们每人发了一个精美的日记本，印象中是因为某个字写错了，刘老师就把每个本子上那一页全撕掉，重写。这种认真对待问题的态度深深影响着我，直到今天，这件事我还记在心里。唯有自己秉持认真做事的态度，方能赢得他人同等的认真对待，这是一种极其宝贵且值得效仿的工作态度与品质。刘老师始终是我在这方面的楷模，他的言行举止一直激励着我不断前行。

在整个外堂体育课学习中，给我留下极深印象的还有体操项目的学习。当时，我们学校聘请了李桂庆老师担任我们的体操教练，李老师的示范动作特别漂亮，我们很多人都喜欢学习体操，在李老师和王书惠老师的帮助下，我们开足马力学习体操。在学习肩肘倒立动作时，李老师用穿裤子的比喻，形象生动地揭示了肩肘倒立的本质，操作简单，我们一学就会。因为李老师对动作本质的理解深入浅出，直到现在无论是教授学生，还是做示范，他都能很容易、很标准地完成该动作。我们还进行了体操三级运动员的申请、考试，最终顺利通过，这是第一次也是最后一次取得运动员等级证书。这些年来，我在体操教学与动作示范方面能够取得较好的成果，完全得益于两位老师的精心指导与悉心栽培。

除了平时的学习训练生活以外，我们几位志同道合的同学还利用周末的时光进行周末长跑活动，从学校大门口向南出发到南环路，沿着南环路向西到西环路，再由鼓楼大街跑回，总路程约有 10 千米，对于大家来说既是挑战，也是锻炼。在毕业前的一次运动会上，我挑战了 1500 米跑，虽然最后的成绩只有 4 分 50 秒左右，但对我来说，我已经竭尽全力了。前段时间，我与初中时的校长路过母校，他提起了我参加 1500 米跑这个项目的事情，看来，每个人在某个地方，都会给别人留下一点记忆，无论最后的结果如何，敢于挑战，敢于去做，就很了不起。

在重视体育项目的知识和技能学习的同时，我也没有放松对文化课的学习。记得第一学期结束前一个多月，我就开始计划着手复习，根据老师的考试提纲，我做好笔记，利用业余时间主动复习。这样的准备，注定我最后取得了不错的结果。三年来，我曾几次获得校级三好学生，有一次还获得了全校十佳学习标兵称号。就像我的名字一样，不仅能武，还要能文，那才是文武双全，才能体现"斌"字的含义。

三年的师范生活，我学到了从前没有学到的知识和技能，认识了很多技艺高超的导师，结识了一些志同道合的同学，留下了至今难忘的美好回忆。美好的回忆，让我流连忘返，每次回到母校，都有不同的收获和感受。

反思： 在每个人的成长旅程中，有幸遇到学习道路上的名师与贵人，无疑会为个人的专业成长加速，为日后更好地投身工作奠定坚实的基础。今天，你或许仍是一名学生，一名怀揣体育梦想的特长生，但未来的某一天，你完全有可能成为一名教书育人的教师。因此，无论是专业训练还是文化学习，我们都应牢牢把握每一个机会，不断努力提升自我，确保学生能够从我们这里学到真正有用的知识和技能，绝不能辜负他们的期望。

（五）家乡教学实习留回忆

我的教学实习经历，锻炼了我的语言表达能力、教学组织能力，获得了较好的教学技能，为更加适应教学工作做好了铺垫，为自己成为一名优秀教师定好了靶向，为自己从事教育工作培养了教育情怀，这既是我的教育理想孕育的起点，也是我将进入教师生涯的伊始。

我对教育的选择及怀揣的教育情怀，构成了我作为乡村教师深植乡土的情感底色。如同众多教师一样，我也经历过茫然期，但新教师职前的充分准备无疑是专业成长的起点与关键路径。这一阶段的专业学习与实地实习，为未来几十年的教育之路奠定了坚实基础。

第二节　工作之旅：从不适应到适应

1996 年，师范学成毕业后，同窗有的选择了去城市工作，有的回到了家乡，我选择了远离家乡 50 千米外的烟店镇中学任教，我不怕远，我感觉没有距离就没有美，我想有所作为，追求专业成长的美好明天。

（一）初到烟店，横遭"劫难"

1996 年 8 月 13 日，我从师范毕业，带着对"教师"这个神圣职业的敬畏，来到烟店镇中学任教。当时的学校有两个校址，我按照要求来到老校址报到。接着，我被通知当班主任，还是慢班的班主任，老校初一仅设有两个班级，120 余名学生，被划分为一班和二班，而我则担任着二班的班主任，班上有 63 名学生。尽管从成绩上来看，语文、数学、英语三科成绩总分最高分才 80 分，最低分仅有 17.5 分，但这丝毫没有减弱我对教育事业的热情和对学生的深切关爱。我相信只要我用心，就能够教好每一个学生，即使我苦点儿、累点儿也无所谓。

再看看学生性别组成，男生 50 人，女生 13 人，男女生比例严重失调，是一种不科学的分班方式（现在看来，当时就是机械分班，没有考虑学生性别比例）。因为是刚当班主任，我也投入了相当大的热情，经过我认真地备课，相信我和学生一定会越来越好。没有领导引导，也没有有经验的班主任指导，摸索着前行，各种方法用个遍，该用的办法都用了，像批评、惩罚、请家长等，虽然说在全校范围来看，我们班成绩不属于最差的，但不出色，水平一般。让人气愤的是，每逢大考，班内考得好一点儿的同学就被调到另一个班去了，那个班学习差的同学还要调过来，使我班的学习氛围一直很差。要想形成好的学习习惯、树立好的班风太难了，如同蒸馒头，没有酵母，很难让学生在学习风气较差的班级主动进行学习，即使想问个问题，都找不到会的同学。这种状况持续进行着，一年半的时间就这样过去了，在初二的下学期，经学校领导研究，"消灭"了这个我费尽心血的班级，我的第一任班主任经历就这样被结束了。

反思：作为外来教师，乡村学校生活没有想象中那般轻松和亲切，甚至还有"初来乍到被轻视"的感觉，我也在思考：怎样在烟店镇中学适应下去，成为一名优秀的教师。

（二）心语之旅——因变而通

入职十几年后，我遇上了工作中的困惑，总感觉自己的付出和获得不成正比，如果现在看是很正常的，那个时候我就没想开，感觉很郁闷，不理解，就有了迷茫，有了倦怠。这种迷茫和倦怠，在我遇到了人生贵人——郑立平老师后，发生了改变，沉寂的死水泛起了涟漪。2014 年春节前后，心语团队组织了一期两段的团队培训活动，我们梦想三组团队成员 12 人，我作为组长，小组的组织者和领导者，一起参与和见证了这项活动。现在，这次活动的内容已经忘记大半，下面这篇发自成员内心、反映小组成员态度和行动的总结文字，却保存下来了，我的这篇文章还被百度作为典型总结供网友学习借鉴。

十日的相识，一生的相守[①]

——记心语团队梦想三组培训总结

生命并无意义，人生并无意义，是人的行动赋予其意义。虽然深感能力和智慧的微薄，但是我依然要坚持去做。我始终相信，教育因追求

[①]《十日的相识，一生的相守》《互联网文档资源（https://6viyij.smartapps.baidu.com/pages/view/view?docId=b616887ee109581b6bd97f19227916888486b9b7&from=share&_swebfr=1&_swebFromHost=baiduboxapp ）》.2018

而幸福充盈。我和我的"心语"团队，正在班主任这片平凡而肥沃的土地上，努力创造着教育的奇迹，享受着教育的幸福。

——追梦书生郑立平之语

没有行政单位的命令，没有学校领导的特意安排，一切都是自愿，一切都是自发与自觉，一切都将化为美丽的篇章文字，终将成为心语团队的奇迹……2014年春节前后，腊月十八到二十二日、正月初九至正月十四，为期十天的心语团队高级研修活动如火如荼地进行着。十天的活动，上演了一场如醉如痴的培训盛宴，这十天，在人生足迹中，也许只是短短的一瞥，但对参加这次培训活动的全体成员来说，却是永远铭记在心的事情。对于梦想三组的每位成员来说，更不会忘记，因为这十日，记录了大家每一次的学习和成长，留下了我们难以忘记的成长足迹。

面对机会，积极主动求成长。

用天南地北来形容我们梦想三组的成员太合适不过了。我们梦想三组有12人，他们是潍坊市的宁杰，安徽的方煦，贵州的龙福莲、葛慧平、支咏梅，聊城的崔建斌、胡凌云、王艳、徐观华、魏相芳、吕新歌、冯珊珊。大家来自全国各地，通过网络，走进心语，我们一起研修。培训伊始，王艳老师说："三个臭皮匠赛过诸葛亮，我的电脑水平一般，但我们共同努力，就可以做好。"在与新歌老师交流时，她说："我在梦想三组能力最弱，所以不敢插话。我也很想尽一份自己的力量。但我相信雪球只要滚，总会越来越大。我以后要多参与，多学习，向大家学习！"我告诉新歌老师："你能报名，就意味着你开始主动了；每天按时完成作业，证明你已经积极了。"我们梦想三组有这么多积极上进、主动学习的心语成员，我们的能力一定提高，我们的培训一定会顺利进行。

面对困难，争先恐后齐分担。

正式培训前一天，忙碌了一天的我也很困惑，我在思考，能不能把这次培训进行到底？最近，我的腰椎有点问题，也想打退堂鼓，我计划明天申请退出吧。作为梦想三组的组长，事务多，任务大，如果做不好，不但自己受埋怨，还影响整个小组的声誉。就是在第二天，我收到徐观华老师留言：我们学校今天考试，中午时间有两个小时，如果有事，就给我安排事情做。只有两个小时，观华老师还这样主动，我说什么呢？我这次之所以能够坚持下来，在最关键的时候，是观华老师伸出了援助之手，我才没有轻言放弃。在群内召开的学习分工会议上，大家纷纷要任务，一天比一天过分，就拿简报来说吧！初次，我对简报制作也不熟悉，就让惠平老师负责。第二天，她有事做不了，我就硬着头皮根据早期简报，做成了第二期。当天晚上，咏梅老师又把加班做的简报发给我，实话实说，比我做的质量好多了。那天晚上，我立刻把第二期简报发出去。我的宗旨是：决不埋没任何成员的能力和贡献，给大家足够的机会展示。此后，咏梅老师全力负责简报的制作工作，还越做越好。如果仅这样，就没有故事了，好在，在咏梅老师没空儿时，王艳、相芳老师也主动请缨，开始接触简报制作的工作。小简报，就像我们梦想三组的接力棒，把我们的研修以最恰当的方式传递下去，从而成为梦想三组一道独具特色的培训风景线。当然，我们三组成员发挥了不怕苦、不怕累的战斗风格，有事抢，有利让，才会让我们的研修工作蒸蒸日上，如火如荼。

面对荣誉，高风亮节显风格。

如果说培训研修你争我抢，但每天评选优秀学员，大家都推三阻四，一点也不积极，都说自己不合格，都要让给别的老师。贵州的福莲老师，全体成员通过，她还坚决不接受，最终是下死命令，她才勉强接受。其实，在短短的十天学习中，大家在阅读方面、写作方面、制作简报方面，无形之中都得到了提高。当然，这个提高不能用量来衡量，但真的有了改变，从陌生到熟练运用，这是一个循序渐进的过程。我知道自己的能力有限，就最大限度地团结大家、协助大家，达到优秀自我、提升自我的目的。

面对结束，恋恋不舍存深情。

秘书处惠平老师说："您说培训结束了，我们梦想三组小群解散吗？我觉得全组成员做事做得好，做人没的说。"当然，这不仅是惠平老师她个人的意思，更是代表了大家的心声。虽然说，我们梦想三组区区12人，在这短短的十日里，却经历了相识、磨合、相知、默契的历程，打造成为一个有福同享、有难同当的团队，因为这里没有干部，没有下级，只有理解与互助、融洽与温馨。所以，在经历了繁忙的十日后，我们有了这个注定的答案，我们留恋之语自成。我告诉大家："不管怎样，我们什么时候，都能走到一起、团结在一起、心在一起，一声号令，集结而行，这就是我们梦想三组大家的心声，我们的共同心愿。"

在培训结束之际，我们引以为自豪的是，我们每一天都没有虚度，每一期简报都精益求精，每一位成员都全力以赴，十日研修，共同参与，没有缺勤，这就是奇迹，这是我们梦想三组大家的骄傲。我们忙了、累了，但我们充实了、提高了、成长了。在2014年农历之初，我们鸣笛起航，全速前进。

通过这次研修活动，我对培训的意义有了更为深刻的认识，同时，对于志同道合的朋友来说，在一起就是共同战斗，这样的组织形式及理念，也深深扎根于我以后的教研管理之中，非常实用。

注：本文最先是2014年由作者作为梦想三组组长，为心语团队所做的总结，后来成为互联网文档资源。

（三）课题研究之旅——从无到有

从某种意义上说，课题研究是我的硬伤，因为自己不擅长做课题，但作为负责教研工作的管理人员及学科带头人，课题研究不擅长，终归说不过去，就是在这种背景下，我一直在苦苦探索。

因为没有做课题研究的经历，2011 年，我就申请了"班级文字在班级管理中的作用"市级课题。当时自己在班级中尝试与学生每天进行日记交流，但积累的材料不是很多，在 2012 年即将结题时候，我做事有些拖拉，比领导规定的上交时间晚了一会儿，当我打电话时，领导认为我交材料晚了，说不行了。当时，我就和上一级领导联系了一下，领导说可以交，我就又联系负责课题的领导，并告诉他上级领导说还不晚。领导很生气，但还是答应让我第二天上午把课题材料交上，当我去了以后，领导的那句话直到现在仍令我记忆犹新：他指着五米外档案柜里的一摞结题材料说："你不用走近，你就远远看看，人家的结题材料多厚，你的课题材料多薄。"我看看自己的，再看看人家的，确实不一样。虽然这次课题也结题了，但领导的那句话一直戳在我的心里。2019 年，我再次参与课题教研；2022 年，我参与学校关于"乡镇初中'一体两翼'差异化教学探索"项目研究，目前在研之中；就在 2024 年 7 月，我的市级课题"课外体育活动对班级学生促进作用的实践研究"结题了，我再次感受到，那个时代，领导说的那句话的含义。当初我没有按时把结题材料上交，给课题汇总工作带来了很多麻烦，我当时就是认为不就是我的课题晚交了一会儿嘛，其实那是影响了整个课题的进程，是对教研工作的不重视，是态度不端正的表现。如果换成现在，我就理解了，我应该站在领导的角度去思考问题，应该学会站在别人的角度去考虑问题，把工作提前做，早早做好准备，而不是临时加班加点，手忙脚乱，没有规划计划。后来的日子里，我的订阅号，领导在朋友圈看到也会点赞，领导也退居二线了，但当时那句话，我铭记在心，把事情做好，做到极致才好。

反思： 在课题研究的过程中，我始终觉得自己还有很长的路要走，需要向很多经验丰富的专家和行家里手学习，因为课题研究永无止境。

（四）管理之旅——驾轻就熟

2019 年 4 月，我开始负责学校的教研培训工作，自己当时是管理的"小白"，很多业务是陌生的，无论是教师培训、课题研究，还是著书校对，对我来说都是新手上路。我一边向领导求助，一边读书、学习理论，一边带领老师去实践，虽然走了一些弯路，但我们总归走在探寻发展的路上。一路走来，收获大于教训，经验就是在探索中求得的。

1. 半天无课日，六环教研

2019 年暑假期间，作为第四期齐鲁名师建设人选，我参加了为期三年的培训，在某一培训地点，邂逅了东平实验中学殷复科校长。我们在交流时，他讲到了他们学校的教研模式——半天无课日教研，我感觉这种教研模式也非常适合我校借鉴。回到学校后，我将这种教研模式分享给校长，校长也感觉挺好，我们学校当时正想加强教研活动，所以，学校一班人就在 2019 年秋季开学前，集体前往东平实验中学进行调研，探寻半天无课日教研模式是否适合我校。在那里，我们一行人受到殷校长的热情接待，我们在展室认真学习有关半天无课日的理论、操作和评价材料。我们一致认为这种教研活动适合我校校情，我们决定让全体教师进行集体学习。在国庆节过后，全体教学人员一同前往东平实验中学，亲临现场感受半天无课日教研活动，我们参与了听课、评课、集备活动，还有针对性进行个别交流，我们在该校楼前集体留影，标志着我校半天无课日教研活动的启动。此教研流程，就是实行半天时间充分利用，全神贯注，半天真正无课，大家集中精力做教学研究，实施低重心教学，达到师生共同提高的目的。

烟店镇中学把半天无课日引入学校，刚开始安排授课教师分学科进行听课，学科教师进行评课，专业性比较适合。虽说是半天无课日，实际上主要运用了半天的前两节，后两节大部分学科就完成了，虽然没有半途而废，终究是形式大于内容。半天无课日真正运行起来，是在 2023 年下半年。特别是 2024 年上半年，我校才将半天无课日真正做到充实、实用。因为这个阶段，我校已经真正落实思维澄清课堂模式，需要让更多的教师走进思维澄清课堂，真正运用这种模式。这阶段，半天无课日教研活动终于体现了它的价值所在。

这个阶段，全体老师或者大部分教师参与听课、评课，听课的人多了，授课者的公开课水平必须提高，于是，磨课环节开始走进了我们视野。磨课环节是教研走到一定时间、一定阶段的必然产物。教师发展中心就安排学科主任和备课组长，重视出示公开课的教师，体现出进行备课、上课，以便提高授课者专业水平和授课效果。如果授课教师人数太多，就安排同学科及相近学科教师一同参加磨课活动。磨课环节的实行，提高了授课教师对课标、教材的把握，提高了授课的效果，学生的学习能力也得到相应提升。

第一节授课结束后，我们总感觉无所适从，无的放矢，因为仅凭感觉去评价显然不合适，我们就想到是否可以印制一些与上课相近或相同难度的题目，来检验一下上课的效果，我们评课仅仅是定性或者模糊评课，如果用数据说话，无形之中就有章可循、有理有据。所以，我们就开始尝试着让同学科教师出具题目，在本节课结束之际，发相应测试题目马上进行测试，现场批阅，统计分数，当场公示授课效果，考证思维澄清模式的效果。此环节，我们称为验课。

半天无课日从走进烟店镇中学到现在已经五年有余。在原来的基础上，我们进行创新尝试，让它适应烟店的学情，它逐渐在我校生根发芽。这种教研模式是一种闭环式操作，在思课结束后，我们将授课者教学设计、课件、学案及研课题目和材料进行分类整理，它们将成为我校教改的宝贵材料，为我校进行教研活动和提高教学效果提供见证。

在 2024 年 8 月 28 日，作为教师发展中心主任，我首次将整理的成果在冠县完善中学全体教师校本培训时进行解读，让它为更多的学校服务。

附教研流程：

烟店镇中学半天无课日六环教研流程

定课：授课前一周，由学科主任和备课组长确定上课教师名单、讲授课题、授课班级及节次。

磨课：授课前两天，分包干部、学科主任、备课组长组织同学科教师进行磨课，对在教学设计和课件中发现的问题进行修正。

观课：每周三上午，进行语、数、英学科的观课；下午进行语数英以外学科观课，观课教师按顺序有序进行，无上课任务的教师全部参加观课活动，在听课本上填写记录。

验课：授课教师授课完毕后，学校教师发展中心对全体参与课堂的学生进行检验，题目由学科主任或备课组长提供，当场批改、汇总、公示，验证上课效果。

评课：授课教师首先进行说课，解读本节课教学设计过程、突破重点和难点；同学科教师根据评课维度依次进行评课，或由部分教师进行评课。

思课：授课教师将教学设计、说课稿及课件上交教师发展中心负责人；全体观课教师根据自己观课思考，写出自己的总结反思，由各学科主任收集，上交教师发展中心，汇总后进行公示并量化。

2. 三统方案闭环式操作

三统方案：指统一的教案、统一的课件和统一的学案。同案＋个案＝通案（成果）。三统方案的实施，可以确保每个班级获得相同的教学内容和教学方法，从而保证教学质量的一致性；通过集体备课和研讨，教师共同探讨最佳的教学方法，优化教学设计，优化教学资源，提高教学效果；三统方案的实施，可以减少教师的重复劳动，节省时间，让教师有更多精力关注学生的学习情况，可以有更多的精力从事批改作业等教学活动，从而提高教学效率；三统方案的实施，可以加强师生之间的交流和互动，帮助学生更好地理解和掌握知识与技能，强化师生交流。

总之，三统方案的实施，对于提升教育质量和效果具有重要意义。实施三统方案，是教学管理中的重要环节之一，这种做法强调了教学目标、教学重难点、教学模式流程（五段）和训练重点的一致性，从而确保了教学质量的一致性，有助于提高教学质量和效率。同时，本做法在同案的基础上，加入个案，也是鼓励教师发扬个人风格、考虑班级学情，进行适当的调整和发挥，以达到最佳的教学效果。

实施本方案时，各学科组成一组，在学科主任带领下，设计各学科教案学案的形式，写在白纸上。从各学科中选择最适合所有学科实践的方案模板。在备课组长的带领下，各年级各学科对下一学期的备课任务进行分工，利用 N 天的时间，通过集体讨论确定每节课基本思路——个人备课——集体讨论定稿的工作程序，完成三统工作。

2024 年 8 月 22 日，全体教师集合。首先召开各学科主任会议，安排三统具体工作，领导本学科全体教师完成三个年级的三统工作，由备课组长先制定一套初稿，统一的教案、学案和课件，供同年级同学科全体老师参考后去仿照操作，对本年级本学科教材，根据教师数量进行分工，然后分头进行操作；每天上午和下午结束时，回到集合办公室汇报工作进程，旨在促进老师在保证质量的基础上，按时完成任务。

第一天后，大部分学科主任均提出要求，四天时间仅能完成期中考试前的内容，同时建议，后续的三统工作，到国庆节期间再去操作，本建议得到答复，在第四天结束之际，大部分学科按时完成分工和任务，三统方案工作第一期圆满完成。三统草稿是完成了，学科多，文字多，参与人员多，其中出现或大或小的错误在所难免，再三考虑后，决定在2024年秋季开学之初，启动全员校对工程，一则这样大的事情，人少了，短时间内是不可能完成的，而短时间内完成一则参与人员要多，二则要不同的人员校对更好，三则还要熟悉本教材内容和设计的人才行。最终决定，三统第一环节由设计者本人进行校对，然后，由备课组长安排本年级同学科教师互换校对，这样，我们利用一天的时间，加班加点终于完成了数量极大的校对工程，我深深感谢全体参与校对的老师们，在史无前例的情况下，大家克服各种困难完成了别的学校只想没做的事情，而我们学校在全体老师的努力下，高质量高效率地完成了这项大工程，为大家点赞！

在总结会上，我首先想说的第一个词是感谢，因为我们每个学科的老师，团结互助，共同完成了我们既定的目标和任务。其次，每位老师都发挥了自己的主动性，把课件做得非常好。刚才各位学科主任分别进行了总结发言，很真挚，也很感人。就像福锋主任说的那样，感动得热泪盈眶。我们这次活动之所以成功，就在于教授方向的引领，在于我们校长的正确领导，更在于全体教师共同努力。同时我也建议，我们学科主任和备课组长，认真进行校对，认真进行审核，如果当我们把通案印出来，拿到手却发现有的地方错了，存在错别字，那将是我们的遗憾。我希望呈现在我们全体老师面前的是一本我们尽最大努力，竭尽全力做好的作品。

2024年9月6日，在校长办公室，在年级主任办公桌上，我看到了一本本印制精美、内容精致的教案本，我非常欣慰，我们的愿望实现了。我们的付出得到了回报，我们齐心协力，真的可以把原来疲于备课的时间节省下来,用于管理,用于批改作业,用于育人了,这就是我们的老师,我们的学校,我们用行动证明了烟店中学未来可期。

(五)晋级之旅——一波 N 折

从聊城师范学校毕业后,我是未定级人员,从工作第二年,我就开始了晋级的旅程。因为是师范毕业,我的文凭刚开始仅是中专,就是在初中任教也是不合格的。好在我准备较早,主动出击,师范上学期间就开始进行函授进修,因为在校读书期间进行学习,无论是年龄还是时间精力,都很充足,所以,在毕业后的第二年,我就取得了聊城师范学院的专科毕业证书,在之后顺利晋升中学二级教师。正如古语说得好,"事预则立,不预则废",就是这个道理。如果说晋升中学二级比较顺利的话,晋升一级就没有那么容易了,因为"僧多粥少",竞争相当激烈。即使自己已经非常努力,但总因为这样或那样的原因而落选。第一次因为人微言轻,评议分数低而落选;第二次因为自己仅仅是普通教师,没有特别加分而落选;第三次进行评选,终于花落我手,第一次感受到晋级之旅的艰难。其实,自己个性强,时时处处不想落于人后,这不是坏事,这有利于工作的开展。但现在想来,自己发力还是没能有的放矢,没有认识到怎样才能从根本上提高自己,只是发外力、发蛮力,没有抓住"核心力",那就是自身学科和班级管理专业能力的提高。这个时候,我已经有了困惑,有了迷茫,毕竟自己已经工作 14 年,人生没有多少个 14 年。

我第三次晋级,时光已经来到 2013 年,这个时候,副高级教师的晋升更是难上加难,我准备了一些晋级材料,包括聊城市优秀教师、师德标兵、考核优秀等,但本次晋级我没有成功,因为另一位老师的工龄比我早两年。在秋季第二次参与中,我终于比较顺利地完成了从教以来第三次晋级经历,没有多少坎坷。

如果说晋级对于每个人来说都是一波三折，我也不例外。2020年暑假前夕，我申报了中小学正高级职称，全校其他教师都没有申报，我不用竞争就开始了准备材料、填写表格及个人述职流程，最后，由第三方异地对我们进行面试，这就是本次评审的最后一环，就是在答辩结束后回来的车上，领导打来电话告诉我因为我上次高级教师聘任时间不满5年，不符合申报要求，下次再申报吧！这样，本次申报正高级职称之事就这样戛然而止。值得高兴的是，我经历了一次，有了一次切身的体验。在2020年下半年，我毫无悬念地完成了正高级教师的申报，并顺利晋级。2021年2月，电子版证书打印出来，时间定格在2021年2月25日，在这一天，我填写材料，拿到了正高级职称证书。

反思： 在师范读书期间，我就参加了函授专科的学习，参加工作第二年，我就取得了大学专科毕业证书，这样不仅节省了时间，直接晋升为中学二级教师。对于那些后来再读函授的老师来说，我节省了许多时间。

（六）获奖之旅——惊喜不断

作为教师，谁不想在每年的教师节获得一两张上级教育主管部门颁发的荣誉证书，工作几十年来，我获得过几次，荣誉的等级也由低到高，

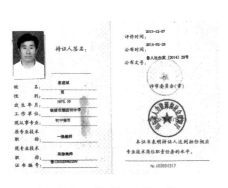

高级教师证书（2014年2月）

正高级证书（2021年2月）

一次次见证了国家对教师工作成绩的肯定和鼓励。

2010 年，我经历迷茫与困惑，走出乡村，外出学习。2011 年，我从教以来第一篇文章在《班主任之友》（中学版）上正式发表了，加上班级管理量化分数也较好，第一次获得了本学年的师德标兵；教师节期间，因为综合排名成绩较好，教师综合量化排名第一，我成为本学年的聊城市优秀教师人选。可以说，市级称号既要有机会，还要有实力，在这个关键节点，我的机会很好。

2014 年是全国第 30 个教师节，国家政策向乡村教师倾斜，山东省优秀教师荣誉称号在农村中学有指标，这对于众多农村从教的老师来说是个喜讯。这个阶段，我具备市级优秀教师奖、正式发表的文章、市级课题及连续几个年度考核优秀，我作为市级优秀教师，有资格参与评选省级优秀教师，我第一次被评为山东省优秀教师，这为我在 2014 年参加山东省特级教师评选做好了铺垫。

2019 年，我作为山东省优秀教师，参加全国优秀教师申报，虽然最终没有成功，但国家给了我第二个山东省优秀教师称号，这已经很幸运了。但也从侧面提醒我需要加强学习。否则机会即使来了，我也把握不住，因为机会要靠实力说话，即使天上掉下了"馅儿饼"，如果没有实力，也接不住。

2019 年，我申报了齐鲁名师，成为齐鲁名师建设人选，三年的培养期间，我做了教学工作，自认为有称号、有考核、有平时的文字积累，但还是教科研水平差，没有像样的论文、课题、著作、项目等，身边的教研环境，也非常一般，所以，幸运之神没有再度眷顾我，我第一次没有把握住机会，我落选了，我知道自己的不足，我想在哪里摔倒的，就需要在哪里再站起来，感谢国家给我这样的机会，我要准备，我在准备之中……

反思： 荣誉已成往事，那只能说明过去的自己怎么样。我们怎样对待自己的工作，怎样对待自己的学生，需要重新规划，再度起航。

第二章　梳理：我专业成长路上的收获

第一节　教学模式篇

（一）"同心互助"思维澄清教学模式

思维澄清教学模式是我们烟店镇中学实施的一种新教学模式，目的在于给全体教师一个体育教学操作流程，模式共分为五段，即身体激活阶段、新知学练阶段、勇者争霸阶段、发展体能阶段、放松总结阶段，通过四次互助及三次反思，对学生学习、练习、比赛或展示具有促进作用。

1. 身体激活阶段（互助）

设计意图： 提高肌肉温度，预防运动损伤，提高内脏器官的机能水平，调节心理状态。

第1步，教师引领：学生通过慢跑、游戏等形式创设情境，进行常规热身活动，初步地感知、体验学习内容。

第2步，根据课堂授课内容，进行课堂专项热身活动。

同心互助解读：根据我校学情，在教学中，视学生差异为资源，一优一弱组成师徒，结成二人同心互助学习方式。

2. 新知学练阶段（互助）

设计意图： 增强学生体质，传授体育基本知识、技术和技能，形成学生参加体育活动的习惯和兴趣。

第1步，自主探究：通过观看视频等自主探索。

第2步，师徒探究：师徒根据互助提纲自主练习技术动作，然后在师傅的指导下完成动作。对于师徒都把握不准的技术动作，师傅带领徒弟与其他师徒交流。

第3步，巡回指导：教师巡视全班，对师徒不规范的动作进行个别指导，并鼓励表现突出的师徒进行展示，激发师徒的表现欲望。教师依据师徒练习情况，有针对性地对全班师徒进行动作要领的讲解和示范。

第4步，新知感悟。感悟本节课新学的知识和技能掌握情况，反思哪些知识和技能还未学会。

3. 勇者争霸阶段

设计意图：激发学生的运动兴趣，培养学生的竞争意识和团队合作精神，提高学生的运动技能水平，有助于培养学生的规则意识和纪律性，增强学生的自信心和抗挫折能力。

第1步，合理分组：体现势均力敌。

第2步，讲解规则及注意事项。教师制定相关规则，组织全班进行比赛。比赛形式可分为个人赛、师傅竞赛或师徒争先赛等。

第3步，赛后反思：建立互助意识、团队观念，发扬公平竞争的体育精神。【第二次】

4. 发展体能阶段（互助）

设计意图：提升体能水平，增强身体免疫力，为中考体育打下基础，培养坚韧意志，促进身体发育，提高体育学习兴趣。

第1步，讲练结合。

第2步，集体练习。

第3步，分组循环练习。

5. 放松总结阶段（互助）

设计意图：帮助学生恢复身体机能，让身体和心理放松，缓解肌肉紧张和运动后的疲劳感，预防运动后的肌肉酸痛和僵硬。

第1步，师徒在音乐伴奏下，进行整理放松活动。

第2步，总结出本节课练习的动作要领，强调重难点。

第3步，师徒从动作技能、身体素质、合作竞争等方面进行反思，总结出新的生长点和改进建议。

第4步，评价师徒表现，评出本节课最佳师徒。

（二）排球正面双手垫球教学设计

1. 指导思想

本课以"健康第一"为指导思想，着重培养学生的运动技能及体育兴趣。通过正面双手垫球技术的教学，让学生真正掌握垫球的基本技巧，提高学生的协调性与反应能力，同时培养学生的团队合作意识和竞争意识。

2. 学情分析

本次教学对象为七年级学生，他们正处于身体发育的关键期，对体育活动充满热情。学生已经具备了一定的排球基础知识和技能，但双手垫球技术还需要进一步提高。考虑到学生的年龄特点和技术水平，本节课将通过丰富多样的学法，激发学生学习兴趣，提高学生的学习效果。

3. 教材分析

本节课选用的教材是排球正面双手垫球技术。垫球作为排球运动的基本技能之一，对于提高学生的排球水平具有十分重要的作用。本课将重点讲述和示范正面双手垫球的动作要领，通过各种练习，使学生能够较熟练地掌握这一技能。

4. 教法学法

讲解示范法：通过教师详细的动作讲解和正确示范，帮助学生建立正确的概念表象。

分组练习法：通过分组练习，使学生有更多的练习机会，教师应多次巡回指导，发现改进机会。

合作互助法：鼓励学生进行二人同心互助小组合作探究，共同分析问题、解决问题，提高学习效果。

5. 安全措施

课前检查场地与器材，确保安全无隐患。

合理安排运动负荷，避免因过度疲劳而导致运动损伤。

强调课堂纪律，要求学生穿着合适的服装和鞋袜。

练习过程中，体育教师要注意观察学生的动作，及时纠正错误，要防止因动作不当而对学生身体造成伤害。

排球正面双手垫球通案

<table>
<tr>
<td rowspan="3">学习
目标</td>
<td colspan="5">1. 认知目标：学习排球正面双手垫球的技术动作及其在排球运动中的作用。
2. 技能目标：通过学习，发展学生灵敏性和协调性，使80%以上的学生基本掌握正面双手垫球技术要领，20%以上的学生能较熟练地运用这一技术。
3. 情感目标：激发学生学习的积极性，培养学生对排球运动的兴趣，提高自主探究学习的能力，培养与他人合作学习的精神及团队意识。</td>
</tr>
</table>

学习 目标	1. 认知目标：学习排球正面双手垫球的技术动作及其在排球运动中的作用。 2. 技能目标：通过学习，发展学生灵敏性和协调性，使80%以上的学生基本掌握正面双手垫球技术要领，20%以上的学生能较熟练地运用这一技术。 3. 情感目标：激发学生学习的积极性，培养学生对排球运动的兴趣，提高自主探究学习的能力，培养与他人合作学习的精神及团队意识。		
教学 内容	1. 排球：正面双手垫球； 2. 排球专项身体素质练习。	场地器材	室外排球场 排球（软式）20个
重点 难点	教学重点：击球点、垫球手型、击球部位。 教学难点：肩关节适当放松以及全身协调用力。		
教学 流程	身体激活阶 → 段新知学练阶段 → 勇者争霸阶段 → 发展体能阶段 → 放松总结阶段		

顺序	时间	达成目标	学习内容	教师指导	组织 与方法	个案
身体激活阶段	7分钟	1. 培养提高学生组织纪律性。 2. 激发学生的运动兴趣。 3. 充分活动开身体各关节。 4. 培养学生运动前做好准备活动的良好习惯。	一、体委整队，检查人数，向老师报告。 二、师生问好，安排见习生，检查服装。 三、准备活动 1. 游戏："拉网捕鱼"地点：篮球场地先指定一人捕捉其他人，当捉到一人后，两人手拉手再去捉第二人，三人拉手再去捉另外的人，直至全部捕完为止，全部捕完者为胜。 2. 徒手操 ①头部运动②扩胸运动③膝关节运动④弓步压腿运动⑤腕踝关节运动	1. 教师讲解本课内容、学习目标，提出要求。 2. 组织学生进行游戏活动。 3. 讲解示范，喊口令指挥学生做徒手操练习。	1. 集合与徒手操：四列横队。（如图） △△△△△ △△△△△ △△△△△ △△△△△ ▲ 要求：快、静、齐 第一次同心互助，进行指导	

| 新知学练阶段 | 17分钟 | 1. 基本掌握正面双手垫球技术动作。
2. 通过层次不同的练习，促进学生对动作的掌握，以提高学生的学习兴趣。
3. 培养学生与他人合作以及自主探索学习的能力。 | 排球：正面双手垫球
一、动作要领
"插""夹""提""蹬"
图例：如下图（垫球手型。垫击部位略）

二、练习步骤
1. 徒手练习
①手型
②垫球动作
2. 结合球练习
①垫固定球：两人一组，一人持球于腹前，另一人做正面双手垫球练习，体会击球点、击球部位及用力顺序。
②一抛一垫：两人一组，相距2～3米进行一抛一垫练习。
③对垫练习：两人一组，相距3～4米进行对垫练习。
④进行自我评价以及互相评比。教师补充纠正。 | 1. 组织学生观看技术动作纸质图片，鼓励学生积极进行探讨尝试。教师讲解动作并示范。
2. 教师示范讲解动作要领，提示练习的重点、难点。
3. 教师口令组织并指挥学生做正面双手垫球的徒手模仿练习，讲解示范。
4. 组织学生进行有球练习，巡回观察。指导学生的技术动作，激励学生好学上进，互相探讨。
5. 集中纠错与个别纠错相结合。
6. 组织学生进行技能展示。 | 1. 教师示范讲解动作要领，提示动作练习的重点。
2. 教师口令指挥学生做练习。
第二次同心互助，进行指导。
第一次反思：针对新知阶段存在不足，及时反思并改进。 | |
| 勇者争霸阶段 | 8分钟 | 争霸夺冠 | 比赛方法：分四个圆形接力跑小组进行比赛，教师讲解接力方法及规则。
垫球快速跑接力，队伍排在外圈上，球在中间上空。 | 接棒的学生在外圈的线上进行交接棒。
重点：摆臂及重心降低。
2. 组织比赛，认真听教师讲解，积极参与到活动中去。 | 第二次反思：针对比赛阶段存在不足，及时反思、改进。 | |

发展体能阶段	8分钟	提高身体素质	1. 腹部力量练习：两人仰卧起坐 30×2 组。 2. 腿部力量练习：高抬腿 30×2 组。	讲解示范，指导学生集体练习。	1. 组织：认真练习，组织到位。 第三次同心互助，进行督促指导。
放松总结阶段	5分钟	1. 养成运动后做放松的良好习惯。 2. 达到放松的效果。	1. 听背景音乐放松身心，做全身放松练习。 2. 布置课外练习内容。	1. 讲解示范，指导学生集体练习。 2. 小结本课内容。 3. 安排学生收回器材，宣布下课。	1. 组织：学生按徒手操队形做放松活动。 2. 要求：身心放松，心情愉悦，动作轻柔，达到放松效果。 第四次同心互助，进行督促指导。 第三次反思：针对本课堂存在的不足，及时反思、改进。
预计运动负荷：适中	平均心率：135±5（次／分）			预计练习密度：40% ～ 45%	

（三）《短跑：蹲踞式起跑》教学设计

1. 指导思想

本教学设计遵循"健康第一"的课程理念，以学生发展为中心，注重培养学生的实践能力。短跑技能在体育教学中占有特殊的地位，是初中田径教学的主要内容之一。短跑教学不仅能够提高学生的速度素质，还能培养学生积极向上、不怕困难的精神，从而促进学生的全面发展。

2. 教学分析

短跑全程技术可分为起跑（蹲踞式起跑）、起跑后的加速跑、途中跑、弯道跑（200 米、400 米）和终点冲刺跑 5 个部分。短跑是以练习下肢力量为主的素质练习，练习形式枯燥，但本项目对发展学生下肢力量及提高速度有一定的实际效果。本课把蹲踞式起跑及起跑后的加速跑作为主教学内容，旨在通过学习和竞赛式练习，提高学生的身体素质，这有助于学生在之后学习难度更大、动作更加复杂的技术动作。

根据七年级学生的锻炼特点和心理特点，有针对性地选择本教材内容，旨在培养学生进行体育锻炼的意识和提高学生心理健康水平。通过学习短跑蹲踞式起跑技术，使学生掌握正确的起跑姿势；通过核心力量练习，提高学生控制力和稳定性，提高肢体的协调性。

3. 学情分析

有利因素：由于七年级学生对体育活动的兴趣较高，学生的积极性和主动性容易调动。

不利因素：本阶段学生的心理素质不稳定，好动，自制力不强。在教学中，体育教师需要多次提醒和引导学生，以确保各项教学活动的顺利进行，并取得预期效果。

短跑：蹲踞式起跑教案（水平四）

学习目标	1. 认知目标：通过本课学习，学生认识到基本的蹲踞式起跑姿势，养成良好的生活习惯。 2. 技能目标：通过学习，学生掌握正确的蹲踞式起跑方法，发展学生的速度素质、灵敏素质和协调能力。 3. 情感目标：培养学生团结协作、积极向上的精神，充分体现学生的反应能力。		
学习内容	1. 田径：蹲踞式起跑和加速跑。 2. 专项身体素质练习。	场地器材	田径场
重点难点	教学重点：蹲踞式起跑的动作要领。 教学难点：后蹬充分有力，起跑后快速启动。		
教学流程	身体激活阶段➡新知学练阶段➡勇者争霸阶段➡发展体能阶段➡放松总结阶段		

顺序	时间	达成目标	学习内容	教师指导	组织与方法	个案
身体激活阶段	7分钟	1. 培养学生组织纪律性。 2. 激发学生的运动兴趣。 3. 充分活动身体各个关节。 4. 培养学生运动前做好准备活动的良好习惯。	一、体委整队，检查人数，向老师报告。 二、师生问好，宣布内容，安排见习生。 三、准备活动： 1. 游戏"喊号抱团" 规则：学生一路纵队围成一圈慢跑，跑步中注意听教师喊号，听到数字后学生快速按数字抱团，没有成团的学生，做5个俯卧撑。 2. 徒手操 ①头部运动 ②振臂运动 ③腹背运动 ④膝关节绕环 ⑤弓步压腿运动 ⑥腕踝关节绕环	1. 教师讲解本课内容，学习目标，提出要求。 2. 组织学生进行游戏活动。 3. 讲解示范，喊口令指挥学生做徒手操练习。	1. 集合队伍，做徒手操：四列横队。（如下图） △△△△ △△△△ △△△△ △△△△ ▲ 要求：快、静、齐。 2. 游戏 要求：按规则、要求进行游戏。第一次互助，进行督促指导。	

新知学练阶段	17分钟	1. 掌握基本技术动作。 2. 通过不同层次的练习，促进学生对动作的掌握，以提高学生学习的兴趣。	一、蹲踞式起跑 口令：各就位、预备、鸣枪三部分。 1. 各就位 方法：前脚脚尖距起跑线一脚半，后脚尖距前脚掌心一脚半，后腿屈膝跪地，双手虎口撑地。 2. 预备 方法：听到口令，臀部慢慢抬起稍高于肩，重心前移。	1. 组织学生观看技术动作图片，鼓励学生积极进行探讨尝试。教师讲解示范。 2. 教师示范讲解动作要领，提示练习的重难点。	1. 教师示范讲解动作要领，提示练习的重点。 2. 教师口令指挥学生做练习。
新知学练阶段	17分钟	3. 培养学生与他人合作以及自主探索学习的能力。	3. 鸣枪"跑" 方法：双手迅速推离地面，双脚用力蹬地，重心尽量低，上体前倾，快速加速。 4. 起跑后加速跑 方法：两臂快速有力前后摆动，后蹬充分有力，摆动腿积极前摆、下压，身体重心前倾较大，频率快，步幅逐渐变大，上体逐渐抬起。 步骤： 1. 教师边示范边讲解动作。 2. 组织学生练习，师徒同心互助。 3. 教师巡回纠错。 4. 选择优秀学生展示。 5. 进行反思，自评与互评相结合，教师补充纠正。	3. 同学交流合作，练习动作。 4. 同学互助进行练习，教师巡回观察、指导学生的技术动作，激励学生好学上进，相互探讨。 5. 集中纠错与个别纠错相结合。 6. 组织学生进行技能展示。	第二次互助，进行督促指导。 反思：针对新知阶段存在的不足，及时反思、改进。

勇者争霸阶段	8分钟	争霸夺冠	1. 比赛：接力赛。 2. 比赛方法：先分组，每组排头听到信号后，跑到标志杆，绕杆返回后与下一位成员击掌，同伴随即出发，依次进行，完成时间短的小组获胜。	1. 教师讲解示范比赛方法和规则。 2. 组织学生进行比赛。 3. 提示学生注意安全。	反思：针对比赛阶段存在的不足，及时反思、改进。	
发展体能阶段	8分钟	提高身体素质	俯卧撑15个×3组 仰卧卷腹15个× 2组	1. 教师讲解示范，指导学生集体练习。 2. 学生互助，按要求完成动作。	1. 组织：认真练习，组织到位。 2. 第三次互助，进行督促指导。	
放松总结阶段	5分钟	1. 运动后养成放松的习惯，有利于下次练习。 2. 达到及时快速放松的效果。	1. 听舒缓的音乐放松身心，做全身放松练习。 2. 布置课外练习内容。	1. 教师讲解示范，指导学生集体练习。 2. 总结本课内容。 3. 安排学生收回器材，宣布下课。	1. 组织：学生按徒手操队形做放松活动。 2. 要求：身心放松，心情愉悦，动作轻柔，达到放松效果。 第四次互助，进行督促指导。 反思：针对本课堂存在的不足，及时反思、改进。	
预计运动负荷：适中	平均心率：135±5（次／分）			预计练习密度：40%～45%		

第二节　班级育人篇

（一）对症下药开良方，桀骜男生穿戎装

我是在做初二升初三班主任时认识二元的，早就听说，他大错不犯、小错不断，直到在一次阳光大课间活动中，我才真正见识到他的桀骜不驯。其他同学都在做广播体操，只有他立在那里一动不动，像一根电线杆。我问其缘由，他满不在乎地说："我原来就没做过，因为我不会，原来的班主任也不管我。"

求助家长，家校合作。

根据自己多年的班主任经验，要想让一个问题学生进行转化，首先要找到教育他的切入点，寻找他最信服的人。我通过了解得知，二元在家最佩服他的父亲，因为他的父亲为人仗义、很"男人"，他就最听父亲的话。我打电话和他的父亲取得联系，请他有时间到学校，我们一起协商如何对二元进行教育管理。家长很高兴，很痛快就来了，并答应全力配合我的工作。

在办公室，家长告诉二元："你这孩子，在家，在我们面前表现得那么乖，可是到了学校却这样，你这不是两面人吗？我不希望你在学校搞特殊，别的同学做什么，你就做什么，就像这广播体操，做一做有什么不好，既锻炼你的身体，又遵守班级要求……"二元没再说什么，乖乖地听着。之后，我特意安排一名广播体操做得好的同学，做他的"师傅"，专门教他。几天后，之前从没做过广播体操的二元，竟然也可以和大家一起做了。

发扬长处，放大优点。

通过观察，我发现二元的人缘特别好，具有很强的组织领导能力。我就和他商量，让他担任卫生委员一职，负责卫生工作。他说怕做不好，在我的鼓励下，他终于答应了。我发现，有时候他只在那里看着，其他同学也会认认真真地打扫卫生，原来卫生这个老大难问题得到了彻底解决，让我省了不少心。

二元不仅体形好，体育素质也不错。在一次跳远比赛中成绩不错，我就鼓励他多参加体育活动。在初三中考体育测试中，二元的立定跳成绩还得了满分。他不仅得到了老师的表扬，还获得了好多同学羡慕的目光。

深入引导，树立理想。

二元曾经告诉我：他的最大的愿望就是去参军做一名特种兵。我告诉他：你要想实现自己的愿望，现在就要为之付出努力，多学习知识，多增强能力，否则那只能是空想……初中毕业后，二元真的去参军了，还是特种兵。他出发前，还特意带着一兜红苹果来看望我。当时，我正在田径场上课，他对我的初一学生说："你们可不要让咱们老师生气，我就让老师费过心，但我知道，我遇到了最好的班主任老师。作为师哥，我奉劝你们：要好好学习，按老师的要求去做。"如今，二元已经参加工作好几年了，我一直在关注着他的成长。

反思：作为教育者，在班级管理中，遇到不好管理的男生是最寻常的事情，我们要转化像二元这样的学生，就需要动之以情、晓之以理，通过师者暖暖的爱，让学生真正理解感受到老师对他的好，"亲其师，信其道"；同时也需要引导他、启发他，挖掘他的内在动力，在最恰当的时机，用最合适的方式，对他进行行之有效的教育；从他的优点入手，让他尝到学习进步的甜头，一步一个台阶向前冲，让他们少走弯路，不走弯路。思路对了，方法对了，就能让他健康成长，成人成才，从而助他实现梦想，让他的人生之路洒满阳光。我认为这才是教育的大爱。

（二）他人质疑：你怎么能让他做班长？

2019 级 20 班有几十个孩子，每个孩子都很好，都有自己的特点和风格。其中，我印象最深的就是轩轩同学。他是一位个子高大、体形偏胖、头发微曲的男孩儿。刚入班时，因为他个子稍高，他的座位在教室后排。为了提高学生的自我管理能力，我尝试在班级实行学生自我管理制度。因为班级初建，对学生还不够了解，就先让学生自我推荐，轩轩就推荐了自己，我欣然答应，他代理男生班长。

一个偶然的机会，一位曾在小学代课的老师看到我让轩轩做班长，感慨道："崔老师，你怎么能让他当班长，他太笨了！"那语气、那表情，表达了他对我让轩轩做班长的惊讶和对轩轩同学人生的"看透"。直到今天，那位老师的表情，我仍记忆犹新。我并没有因为这位老师的一番言论，就撤了轩轩的班长职务，而是对轩轩的成长更关注、对他的指导更多了。班级管理也因为轩轩的加入，变得更加顺畅，因为让同学们做的事，轩轩带头做好表率；班级有累活，轩轩不怕吃苦，不怕受累，主动去做。

我们 20 班是年级最后一个班级，因为年级班数多，我们吃饭要把饭菜统一取回来，分了再吃。一般都是最后才会轮到我们班。于是，轩轩就带着同学去先领饭、再分饭，如果饭不够了，他还要再回去申请，就很麻烦，但他不厌其烦，不辞辛劳去做，三年如一日，同学们对他更信任了。由于我班孩子每天中午等待的时间长，饭量就大。这种优势在年级拔河比赛中得到体现，全年级 20 个班，我们当仁不让，年级第一，别的班级一般抢不走。通过这件事我发现我们感觉领饭这事我们吃亏了，在其他地方我们又得到了馈赠，吃亏是福是最好的体现。

当我有事不能开班会时，轩轩作为班长，就会和亚轩（女班长）一同主持班会。他的声音洪亮，虽然我感觉那语气大家不会服气，偏偏大家非常认可，安排什么事、表扬谁、批评谁，直截了当，关键是效果相当好；每天早晨小早读，他就会早到校，提醒大家拿出书来，他也如同老师一样捧着一本书，在教室内一圈一圈走，边督促边自读。他带头早读，起到了引领示范的作用。持续下来，我们班早读纪律好、效果好，屡屡受到学校的表扬。

在班级管理上他这样，在学习上他也有自己的一套方法。那位老师之所以那样说，就是因为他小学学习成绩不行，一直喜欢玩游戏，荒废了学业。用那位老师自己的说法，就是不信其师，也不信其道，成绩注定好不了。到了初中，老师信任他了，他就有了学习的意愿，还一狠心把游戏卸载了。这是了不起的举动！他刚开始进班级时，还是中下游学生，因为认知改变了，成绩有了提高，成绩逐渐到了班级中游。

七年级的暑假，我让同学们在家里预习八年级物理课本，轩轩是最能听老师要求的。一个晚上，他特意打电话问一道物理题目，我都感觉那个题目不简单，他能拿出来问，这说明他用心了。我担心他学不会，他说了一句很深奥的话，要想学会学好，需要静下心来去研究。他能说出研究这样的词语，不简单。与此同时，他的能力在提高，他的分数在提高，他的梦想在具化，他说他要上高中。

轩轩同学不仅在暑假提前开始预习尚未开启的课程，在平时的学习中，对于自己的薄弱学科也不留情。他知道自己的语文成绩不理想，基础不扎实，就开始专心攻克语文学科。

对于语文学习，要想提高成绩不容易，字词的听写、文章的品析、作文的写作都需要一点一点练习，他对老师的要求落实得最用心，虽然还会出错，但经不住他用心去改、去做。在中考时，他的语文也考到了90分左右，这对于一个平时只有 60 ～ 70 分的学生来说，太不容易了。这是他不断追求的结果，我为他的努力而感到欣慰。

原本升学无望的轩轩，经过三年的不懈努力，一步一步向上走，由不会到会点，由会点到会些，由会些到会很多，这是一个积少成多的过程，是一个从没有梦想到筑梦、追梦、圆梦的蜕变过程，我为之感到骄傲！如果仅仅到此戛然而止，那就错了，蜕变依旧在持续。

轩轩同学顺利进入临清第三高级中学就读后，成绩在班级倒数五名之内，他还是拿出研究的态度，经过一个学期的学习，再一次成功逆袭，成为班级第一名，对自己的人生之梦又有了新的定位。这样的说法来源于上次他回到母校，面对学弟学妹们，他分享了自己的"奋斗史"，给正在就读七年级的弟弟妹妹们一个借鉴。

反思： 奋斗是不容易的，在努力的过程中，有迷茫、有辛劳，也有喜悦。几年来，轩轩由一位普通的学生，通过自己的不断努力，破茧成蝶，正在向着自己梦想的地方努力前行。对于那些原本无所求的学生，也许老师的一个微笑、一句激励、一次表扬、一场活动，就点燃了其内心的热爱之火，让他们的生命因此斗志昂扬，向梦而行！

教育，就如德国哲学家雅思贝尔斯所言：一棵树摇动另一棵树，一片云去推动另一朵云，用一个灵魂去唤醒另一个灵魂。作为教育者，我们要成为学生的贵人，唤醒他们，引领他们，让他们真正激发内驱力，扬帆起航，向梦而行！

（三）适应，从下车开始

七年级入学一段时间后，年级主任说班里要来一名新学生，因为在外上学不适应，所以转回学校。我对这样的同学一直不"感冒"。我觉得他们当初不选择我们学校，本意是不认可我们学校，现在没有办法了才回来。既然要来，我们总不能拒之门外，也就接着，但接着接着，就发生了许多故事。

一天下午，昊昊来了，还是汽车载着他进校的，因为他不想走到学校来！和家长简单交流后，我在车后座上与他聊天，想把他领下来，需要用点力气，最终无果。我让家长先离开，把车和他留在学校，最后也没解决，还是让家长先把他带回家去了。第二天，又把他送来了，这次比上次强，我带着他走进教室，给他安排了座位。通过观察，我发现昊昊的数学、英语特别好，语文一般，我就特意安排他给周围的同学讲数学题，这种做法获得了他的认可。据同学们反映，他讲题思路清晰、简洁实用，效果明显，这使他能够在班级里立足。

因为他偏胖，我就特意要求他跟随班级跑操。别的班级有的同学因为体胖，就经常请假，而我们班级这些小胖子们都坚持上操，没有偷懒的。记得一次上体育课，大家测60米跑，在测试第二天，昊昊家长给他请假了，因为短跑，昊昊大腿骨上的一小块骨头被拉扯掉了！看来，剧烈运动不适合他。我也因此小心了许多，学生各种体质都有，不能一刀切，昊昊就是个例外。

昊昊的英语和数学成绩格外突出，但语文成绩较弱，语文牛老师就特别注意培养他的语文素养，让他背诵、回答问题，让他改错，一次次督促和提醒，昊昊的语文成绩在慢慢提高。在中考前的几个月里，昊昊家本来离学校很近，还是主动住校，来适应住校生活，为以后适应高中住校生活打基础，他的种种表现，跟两年前的行为大相径庭。2022年中考，他取得了较好的成绩，顺利到心仪的学校就读。在进入高中前的日子里，他除了平时锻炼，还报了散打班去健身、减肥。

一晃两年时间过去了，今年中考、高考期间，他们放假回到母校来看望我们，当我走进办公室，他冲上来给了我一个大大的拥抱，这待遇，我几十年都没有得到过。他们一起走进班级，给学弟学妹们讲经验、讲教训，同学们听得津津有味，心潮澎湃！

反思：一位入学插班不愿意下车的男孩儿，经过两年多的历练，正常上学了，坚持上晚自习了，坚持住校了，还主动去帮助同学解决学习上的困难，主动去健身，这是多么大的变化！我们的教育，就是想让孩子走出自我、走出学校、走向社会，不断去历练，不断去尝试，让自己变得健康、自信、勇敢！

（四）点点滴滴师生情

几天来，我一直在思考一个问题，一枚红枣值不值得写一篇文章，来记录这件真实发生的故事。今天，我写作的冲动再一次战胜了懒惰，于是我决定把自己的所见所思所感，以文字的形式展现出来！

清晨，我走进班级，琪琪从课桌下拿出一枚红枣，说："老师，你吃！"我没有迟疑，顺手就接了过来，但没有马上吃，握在手中，竟有了那么一丝感动，这可是孩子用心送给我的东西！我想起了陶行知先生的那句话："我们必须变成小孩子，才配做小孩子的先生。""你不可轻视小孩子的情感，他给你一块糖吃，是有汽车大王捐助一万元的慷慨。"说实话，我对琪琪还好，经常与她谈心，经常回答她提出的问题，也许她相信我，才会送给我东西。这枚小枣，放在兜里已经好几天了，我也没忍心吃下去。也许它会烂掉，它会消失，但她对老师的这份情谊不会消失。所以我认为只有加倍对学生好，才能对得起老师这份职业！

昨天早晨，我巡视教室完毕，夫人告诉我："15班一名学生还没来，天还在下雨，你去接他吧！"于是我开车前往郑厂，夫人还把学生家的位置发给了我。车进村，还没等打开微信，我发现一名我校学生背着书包向东走，我停下车，在雨中问他，确定他就是我要接的人。上了车，他说："老师，伞上有水，滴到车垫子上了。"我告诉他："滴到脚垫上就行。"他还告诉我，家长 4 点就起来做饭，吃了饭就上班去了，把他上学这事忽略了！

他进教室后，我就想，学生在最需要帮助的时候，在孤立无助时，我们把他接到学校上课，这件事儿虽小，但对他一定会有触动。也许就这么一件小事情，就会改变学生的认知，对老师更信任了，学习态度更端正了，就会有更大的进步，这就是师爱的力量。

学生不会平白无故地送给老师一枚红枣，一位学生不会没有因由地有所改变，正是因为我们对教育的投入，对学生满满的爱，才会让这平常的教学生活，更有意思，更有意义，更有味道！

第三节 体育育人篇

（一）让学生插上成长的翅膀

作为一名初中的体育教师，工作的常态无外乎教育教学、练习比赛和特长训练，就是在这平凡的往复中，有时我们的一句劝告、一个发现或争取到的一次机会，就会改变学生的命运，让我们成为他们人生中重要的人。

1. 离中考分数线仅差一分的青青

20多年前，我任教初三体育课，从初一就发现三班的青青同学，体育素质比较好，学习也不错。我这个人有个毛病，就是不容许体育好却不从事体育活动的人才白白浪费。我先从她班主任入手，调查她的情况，班主任老师也不是很支持，毕竟学生学习还不错，考上高中的希望很大，练与不练皆可。对于这件事，我不能硬来，就与青青同学交流，告诉她：从目前的情况来说，学习不错，但能不能考上高中，不确定。并且你的体育又有优势，如果不利用起来有点可惜，到时考不上高中，就很遗憾了。我的想法就是，体育优势不用白不用，如果进行训练，咱们不占用课堂时间，只在课外活动时间训练，你看怎么样？在我的劝说下，她勉强同意了，在征得家长认可后，每天下午练一会儿，这样坚持到中考。2000年中考后进行体育专业考试，青青同学顺利过关。巧的是，她的文化课成绩仅比中考分数线低一分，但加上体育特长分数，顺利考入临清一中。如果当时没参加体育训练和专项考试，那结果就大不同了。后来，她在山东师范大学从事体操专业训练。如今，她已在某小学任教。所以说，在适当的时机，我们的一句劝告，会给学生一次机会，改变他的命运。

2. 秒追男生的明明

14 年前的一个傍晚，我和夫人正围着教学楼散步，顺便还可以维持一下学生纪律。上晚自习的学生，可以在课间玩一会儿。突然，两个人影一前一后在校园里狂奔，前者高，后者稍矮，后者却瞬间将前者抓获。我立即叫停他们，前者为一米八多的大个男生，后者为一米六稍多的女生，性别和身高的差别，让我特别留心。我只是稍微劝说了几句不要打闹的话，专门让后者留下，询问后知道她叫明明，以速度见长。我告诉她：这样好的素质用在追逐打闹上太可惜了，训练一下，保不准在运动会上可以获奖。没有因为打闹被批评的她，还被发现这么个大亮点，她高兴地答应了，开始跟随我训练。

说练即练，每天下午放学后，我带着明明开始训练。没有专门助跑跑道，我们就在土跑道上进行。从蹲踞式起跑、加速跑、冲刺跑开始，一天天，一次次，每天落日的余晖衬托着明明刻苦训练的身影。明明属于那种调皮、有悟性的孩子。三周以后，在全县举办的中小学生运动会上，明明参加了 100 米、跳远和 4×100 米三项比赛，特别是跳远决赛中，她发挥得比平时更好，三次试跳、三次决赛，一次比一次远，最后竟打破了全县初中女子组跳远纪录。直到现在，县纪录还是她创造的！

对于明明，虽然她因为特殊情况没有进入高一级学校就读，但训练和比赛，让她体验到了体育运动带给她的自信和快乐！

3. 考入山东体育学院的娜娜

5 年前，在篮球场上，我发现娜娜一个冲刺就可以上去抢断对手的篮球。我与她交流，告诉她：如果有考学的打算，可以试试体育训练！她表现出半信半疑的样子，但同意跟随我训练。我则暗中为她寻找机会。

临清市秋季田径运动会，她报名参加了跳远和 100 米跑两个项目，比赛中，她跳远得了第二名、100 米跑第五名，这样的成绩不是很突出！

我专门给领导汇报，让娜娜作为候补队员参加训练即可。事实证明，她参加了聊城市运动会的跳远和 4×400 米项目，成绩还行。初三最后一个学期，她的班主任告诉我，明明学习态度更端正了，不但学习时间长了，还经常主动问老师问题。通过几年的努力，娜娜最终考进了山东体育学院体能训练专业，圆了她的大学梦。

通过我的引导，青青走上了体育特长之路，成为一名优秀的人民教师；通过我的发现，明明打破县城跳远纪录，才会有这么一段奇特的人生；通过我的争取，娜娜抓住机会，认真训练和学习，才会走进大学深造。所以说，作为体育教师，我就想利用各种机会，为学生插上飞翔的翅膀。

（二）老师，我要参加所有的比赛

2023 年秋季开学，各班开始报名参加运动会选拔活动，其中就有丹丹。说到丹丹，其实她个子高高的，还是班长，是一位很有魄力的女孩子。丹丹在选拔中体育成绩比较突出，身形瘦高，速度快，个性强，是一位适合参加体育训练的女孩儿。为了提高学生体育成绩，我们除了每天大课间组织学生进行训练外，还特约临清著名教练到校指导接力跑和跳远项目，旨在提高孩子们的田径水平。这些成员中，大部分是七年级学生，丹丹就是其中之一。在训练中，她表面看似大大咧咧，其实很有内秀，只要指导到位，做得还是有模有样的。在正式比赛中，你看看薛教练特别在意谁，就知道了。市运动会比赛那天，薛老师专门在比赛现场的跳远沙坑远端注视着，认真地观察丹丹的技术动作，及时给予指导。最终丹丹获得了初中组女子跳远第二名的成绩。

如果仅仅参加完运动会就结束了，那就没有故事了，因为丹丹还经常对我说："老师，我要参加比赛！"有了这句话，才有了后面她参与项目比赛的精彩瞬间。其实，丹丹不仅参加田径运动会，还参加了足球比赛，为我校获奖出了力；在2024年春季，她参加了篮球比赛、排球比赛、跳绳比赛，这一年里，她几乎参加了学校组织的各种体育活动，均有奖牌入账，这已经很了不起了。

有段时间，她连续在家中帮家长干活，一人顶两个，非常踏实。有一天，我让她到校与师姐们交流一下体育经验，她来了，默默地看，认真地听，就像一位乖乖女。这时家长给我发来微信文字，说出了自己对于女儿练体育的担忧。到了晚上，丹丹就发来语音：崔老师，我妈妈白天给你发的信息，你别生气。她让我向你说声对不起，不好意思，你别往心里去，她同意我参加田径训练了！

通过这件事，我能够理解家长的意思，也从中认识到，让一个孩子成功，或者我们想做成一件事，首先要和家长进行沟通，即使你非常用心去指导她的孩子，如果沟通不畅，理解不到位，我们做什么都是徒劳，因为我们所做的，没有得到家长的支持，那是费力不讨好的，也会让效果大打折扣。

秋季开学后，又到了备战运动会的日子，她专门找到我说，教练说上午第三节进行训练，而我一周五个上午有三节数学课，我不想耽误数学课！听了这话，我知道她用心了，就给她出主意，你可以上午没有数学的时候，去参加训练，可以第四节课去补上，毕竟你去年已经参加过一届了，如今你已经是老队员了，可以自己独立完成一些训练任务，同时也可以在老师有空儿时，请他指导。如果真的没有时间，我也可以指导。刚才还满面愁容，这会儿因为有了思路，她立马高兴了许多。10月17日和21日，她参加了当年的秋季田径运动会，并且在100米比赛中获得全市第二名、跳远第一名的好成绩，比去年的运动会成绩进步了不少。

反思：以后的路还有很长，我们要想让一位孩子成人成才，成为国家栋梁，没有持续跟进，没有竭尽全力，是做不成事情的。她现在已经八年级，还有两年的时间才会参加中考，再过好几年的时间才会参加高考，虽然有这么长时间的等待，但很值得期待，毕竟未来可期，哪个人不希望自己有个明媚的春天，哪位有志之士不想拥有一个可以彰显自己个性的未来！

第四节　教育讲话篇

（一）写给即将参加体育中考的学生

同学们：

今天下午，我们专门召开初三学生体育考前培训会议。前几天，老师对你们的中考体育项目进行了测试，我感觉你们上升的空间还很大，有的项目技术方面还有待提高，并且体育中考是初三学生的第一次大考，这次考试对你们有着举足轻重的意义，所以，我才考虑给你们讲一讲动作要领，做一做技术示范，鼓一鼓你们的士气。

首先，你们要清楚体育考试项目满分的标准，立定跳远男生 2.34 米、女生 1.95 米，让你们举手谁满分了，人数并不多；女生仰卧起坐一分钟 36 个，举手的同学较多，这也是你们女生的强项，平均分最高；男生引体向上 10 个满分，举手的人数也不多，这是男生的重点和难点，一个男子汉，上肢力量强大是应该的；男生女生跑的项目，占分值最多，这一项潜力最大，我今天会重点说。如果男生引体向上和女生仰卧起坐不好的话，可以通过推铅球（3 千克）来弥补，男生 10 米、女生 7 米满分。

今天的讲解，老师想通过预设一次体育课的方式来演示，这样同学们在考试时就有了模板，怎样做就有顺序了。

考前准备工作。如果是上午考试的话，早饭不要吃难消化的食物，不论是考前还是考中都不要喝饮料和凉水；同时，考试时要穿舒适且有弹性的鞋袜，这样有利于发挥出好的水平。

准备热身活动。考前，一定要进行慢跑热身、做徒手操、展肩压腿，防止剧烈运动时肌肉拉伤。开始考试前，要注意保暖，穿上校服，这样可以以最短的时间进入考试状态。

体育考试项目的顺序。一般在检录后，女生先做立定跳远或仰卧起坐项目，男生先做立定跳远和引体向上项目，最后一项才考女生800米跑和男生1000米跑。

立定跳远时，一般给每位考生2～3次机会，要求双脚同时起跳，以大小腿折叠靠近躯干向前上方跳为好，落地时，脚跟过渡到前脚掌滚动式落地，身体重心前移，切勿向后倒或触地，测量时以触地最近点到起跳线的垂直距离为准。

仰卧起坐时，双手抱头，屈膝较好，坐姿或仰卧开始，起坐时双肘一般与双膝接触为好，动作始终如一，不要前时太快后时太慢，分配好体力，以最多完成个数为准。

引体向上时，两手正握，拇指相对，手心向前，从直臂上拉到下颌超过上杠面为止；做下一个时，胳膊要伸直，切忌屈臂再上，违规最终均不计数。

推铅球时，面对40°投掷区，力量顺序通过下肢—躯干—上肢—手掌—手指，沿40°左右仰角让铅球离手。

最后是跑的项目。首先是起跑，反应要快，注意力要集中，听到枪声快速摆脱静止冲出去，进行30米左右的加速跑，然后调整呼吸，主动呼气进入途中跑，提高重心，有意识蹬地，膝盖前顶，大腿抬高进行有节奏地跑。在跑到300～400米时，可能会出现呼吸不畅、四肢无力的感觉，在生理学上这叫极点。这时，你要主动呼吸，节奏稍降，主动摆臂、蹬地、抬腿，用意志去克服极点；过一会儿，就可能出现呼吸通畅、四肢有力，可以跑下去的感觉，这在生理学上，称之为第二次呼吸。最后100多米，要再次主动呼气，调整呼吸，逐渐加快频率，以最快的速度冲过终点，完成测试。

温馨提示：跑步结束时，不要坐下或躺下，要走一走，或慢跑一下，也不要喝凉水，要做好安全预防。

希望老师的这些话，能给同学们带来一些指导和提示，也希望同学们用激情迎接体育中考的到来，考出理想的成绩，给自己初三的考试开启良好的开端！

你们的老师

（二）在初二年级学生会议上的讲话

同学们：

我通过观察和调查发现，大家需要养成一些良好的习惯。今天，老师想利用这个机会，和大家说三件事，希望对大家有所帮助。

首先，美好的一天从早晨不迟到开始。一日之计在于晨，有的同学准备不充分，早晨迟到了，就会被留下，登记名字扣个人量化分数，被级部领回，班主任会批评，早读上课都会因此受到影响。问同学，也知道应该早点睡，定闹钟，让家长提醒。这很大程度上，是因为我们自己态度不端正、不认真，导致出现这么低级的错误，而影响个人的心情，影响自己的学习，影响自己的成长！

其次，坚持锻炼身体，更好地长久地生活！今天不到 20 分钟，就有个别同学冒虚汗、脸发白、四肢无力、低血糖，这种状态怎么能身体好、体质强？人只有加强锻炼，营养充足，掌握多种技能，才会健康快乐地生活！希望大家要有参加活动的装备，比如跳绳、篮球、羽毛球拍等，在参与中学习技术，在锻炼中更加快乐，培养乐趣，乐在其中！

最后，心中有目标！周总理少年时就立志：为中华之崛起而读书！我们已经八年级了，可有的同学人生目标模糊，没有人生规划，中考无目标，走到哪里算哪里，这当然不行！人只有有了目标，才会有动力，才会有进步，才会有收获，毕业时才会考入理想的学校去深造，去成就自己的事业！愿望是美好的，努力的过程是曲折的。我们只有静下心来，踏踏实实去做，才会有一个好的结果！

（三）只有努力，才有收获的理由

——写给八年级的孩子们

美好的生活人人都向往，比如美食、华丽的衣服、幸福的生活、被人尊敬等，即使正在上学的学生，看见别人取得优异的成绩、表彰时的证书、毕业时的入学通知书也会感到羡慕，但这些东西的得来，绝不是从天上掉下来的，而是三年前，或者说九年前就注定了的，是用你的学习态度坚持下来的。大多数人都是常人，不是神童、不是天才，而是人海中平凡的一分子。要想与众不同，就要在别人玩的时候去学习，在别人上网、玩手机时去做题。有了坚持的态度，有了时间的保证，你才会有提高，日积月累，长年累月，就完成了由量到质的飞跃。

一个下雨的晚上，几个孩子一边等待家长，一边静静地学习；有些学生上操集合前，用这几分钟背题，这是见缝插针、化整为零的学习方式，一天用这几分钟背两个题，时间长了，什么也都有了；这个班级、这个学校，时间长了，什么都有了。我们所希望看到的就是，在大脑清醒时，利用前摄抑制或倒摄抑制，清晰而轻松地完成了许多大事、许多大问题。什么叫名校，让学生用好时间，会玩会学，充满正能量、满是好习惯的学校，才是我们心目中的好学校。

地理生物会考结束了，同学们需要调整一下情绪，梳理一下自己的情况，扬长补短，优秀学科保持，较弱学科加强，一步一个台阶向前冲！

当我们努力了，坚持了，提高了，接到高中入学通知书，考入了高一级学校，再走近高考时，我们才会对 N 年前自己付出的努力，自己流下的汗水，说值了。因为我们没有虚度光阴，没有荒废学业，没有让家长失望。这时，我们才有追求美好生活的砝码，天平才会向我们这边倾斜！

（四）2020 级 8 班毕业典礼上的讲话

孩子们：

今天，我真正站在讲台上面对大家的时候，我切实感受到毕业日真的到来了！虽然，我说了不止一遍，让你们把一些目前用不到的学习用品收拾一下，待到周四晚上，你们大部分在整理学习用品，原来满乎乎的课桌里，空了许多；周五下午放学时，再收拾一部分，那桌洞里真的空空如也了；当你们也从这个教室走出去，离开了，老师的心，会再一次被掏空，再一次失落！去年这样，今年还这样！回想一年来的风风雨雨，我印象最深的有两次。

第一次你们离校回家时，你们走后，我留下来，一点一点把教室地面清理干净，整理好桌凳，录了视频，拍了照片，发给大家！

第二次你们返校归来时，欢迎你们归来，我又把教室内外彻底打扫一番，现在看到你们，我特别欣慰！

在你们跑步时，我用手机拍照记录下精彩瞬间；你们做眼保健操时，我录下了视频；在你们百日誓师时，我见证了这光荣的时刻！时间如白驹过隙，一年即将结束的时候，老师特别记住了同学们的一些瞬间！

开学第一天，两名男同学，一言不合，剑拔弩张，大有怒发冲冠之势；老师记住了！

初梦欣同学，代表我校参加朗诵节目，铿锵有力，谁说女子不如男？

为班为校争光！

欣茹、文然、文婷等，代表我校参加女子篮球比赛，临时组队，加时训练，勇于拼搏，拿下全市女子第四名，也不是易事！

咱们雨菲，一年来带领大家，每天下午领宣，少则也有 200 次了，每次声音洪亮，有穿透力，我们用掌声感谢她！

我们的高姗，从一名平凡的女生，逐渐走进大家的视野，从写每天的消杀记录，到成为我们的卫生委员，付出了许许多多的劳动，数都数不过来！上次，老师交代她一件事，她盯了好几天，老师才能安心在外学习，你是最棒的。

再说说我们班的欣悦和云静，每天三次给大家测体温，还要记录，她们用行动证明了，把小事做好就是不简单！

最后，说一下我们的班长——芊一同学，无论什么事交给她，她一伸小手OK，这事准成，这不仅仅是能力，更是好的态度，态度决定成败！

该表扬的还有许多，慧琳、杨帆、佳艺、硕硕、书甲等，虽然老师时常批评大家，但在心里非常疼爱你们！

今天，你们就要收拾行囊走向考场了，老师祝你们：准备好、考试好、分数好，收到一张满意的录取通知书！

（五）大先生的样子

今天的培训学习共分为两大环节，先由每位主持人汇报，后由王敏勤教授简评。全体主持人共分四部分，上午小学组和校长组主持人进行汇报，下午是高中组和初中组主持人进行汇报。我不擅长在公共场合下发言和汇报，对此一直心有余悸。还好，经过几年的历练，心里已经没有那么紧张了，有时候怕自己讲的时候会忘记，就提前做好准备，本来先写了提纲的，昨天晚上还是感觉不多，今天早晨早早地在手机上，把每个问题写好，大清早去找复印部打印，找了一家又一家，终于高高兴兴地拿着讲话稿回来了。

上午开始汇报了，校长组和幼儿组在前，我们排到了下午最后一组，这么一大段时间，一直在看、听汇报，听王教授一一点评，我的收获是满的，因为王教授给的全是满满的干货。

边听边看，我不时记录，抽空儿把汇报稿拿出来，修改几下，到最后，整张纸乱乱的，又不得不把它写到笔记本上。一来二去，内容又熟悉了许多！

初中组我第一个走上讲台，面对前面几十位名师名校长，面对王教授和王局长时，平日总紧张的我，这次心里反而稳定了许多。虽说发言也不够精彩，教研也有不足，甚至还拖了一分钟，走下讲台时，我还紧张得出了点汗，但我讲完了！

我是最后一个被点评的，关于工作室的建设，还有一些需要完善的地方，还有一些需要深入研讨、与工作室成员一起去做的事，我再一次感受到工作室建设又有了些动力。

活动中，我们仅仅是一个一个上场，而王教授要对每位主持人进行点评，从早到晚，一整天都这样。当我们用掌声表达对老人的感谢时，老人总会站起来以表谢意！在今天主持人的汇报和王教授点评结束时，王秋云局长进行了总结，对于王教授，他这一位长者，从早晨八点半到下午五点半，一直是都在工作。

我们不尊，谁尊？

我们不敬，谁敬？

我们不爱，谁爱？

这才是学者，学习者，终身学习者！这才是大先生的样子！

在工作中，在成长中，每个人总会遇到困难和挑战，这时怎么办？是逃避，还是迎头赶上？毋庸置疑，只有一个答案。我也知道，讲话或汇报，一直是我的短板。记得那一年去青州，郑老师让我去分享15分钟两三千字的稿子，我一路上反复记背，不敢掉以轻心，在现场，我做得就比较好。所以说，这世界上没有轻轻松松的成功，光鲜的背后，一定有几倍、几十倍的努力和汗水。

所以说，在工作中，我们要有目标，有榜样，有标杆，要有大先生的样子，为之努力和奋斗！

（六）培训的样子

——在育人培训结业仪式上的讲话

尊敬的于院长、亲爱的老师们：

大家中午好！在这次培训即将结束之际，我有见证、有感动、有建议。

三天来，我们从黎明而来，走进济南南山区，走进这个风景秀丽的培训基地，在这里平心静气地投入培训！

三天来，我们被王涛校长的《班主任成长史》所影响，他用亲身的经历告诉我们，只有成为班主任，我们才会与学生心连心，才会让我们既体会到班主任工作的不易，也在工作中收获感动、获得情感回报！王涛校长就是我们学习的榜样，他就是班主任的样子！

周三下午，于老师的心境修炼，旨在培养我们要有清杯意识，剔除消极思想，注入清泉，让我们的教育理念在培训中有一个质的改变。有位专家说，不做班主任工作，不是真正意义上的教师！老师们，年轻的老师们，你们才是烟店镇中学的中坚力量，你们才是这个时代的中坚力量。希望你们勇于去做，学到智，悟出慧，干出一番事业来，成为班主任，成为优秀的班主任，爱这份工作，爱学生，爱学习，就像爱自己、爱亲人一样，这才是准班主任的样子！

工作坊培训中，我们在于老师的引导下，从初中学生的三年成长中找 30 个关键词，每个年级两个组，全体成员都在专心找、认真写、仔细研，一步一步，沙里淘金，淘出每个时段、每个年级、每个学生的金词，为制定烟店镇中学学生德育成长手册添一砖加一瓦，逐渐从一堆砖瓦中有了形，有了轮廓，有了本次培训的效果！三天来，60 多岁的于老师，用他渊博的知识，他高超的驾驭能力，引领我们一步一步向梦想的方向前进。他汗流浃背，我们看得清楚；他在团建课上，感动了别人，也感动了自己！在教育中，在班级管理中，对学生也是这样，只要用情感去温暖他，是石头也会焐热！只有尊其师，亲其师，才能信其道！

感谢于老师，这样的老头子，是我们学习的榜样，是真正大先生的样子！

三天来，其实不仅仅三天来，自从有了培训之念，孙隆校长，就多次在党组会、校委会研究讨论，多次向领导汇报，才有了本次培训，促成了这次 63 人的济南南山区大培训。团建会上，看着老师流泪，他也流泪，这就是我们的校长，我们学习的榜样，这才是校长的样子！我们相信，在校长的领导下，烟店镇中学未来可期！

最后，用我们的热身词真诚地祝大家：好！很好！非常好！越来越好！明天会更好！

本次培训结束，谢谢大家！

反思： 从内容可以看出，这是在济南南山区进行培训时的总结。此次培训，全体参与人员共 60 余人，是目前外出培训人数最多的一次；

从时间上来看，培训时间长，效果显著；从培训内容来看，主要是育人课程，体现了筑梦、追梦、圆梦的设想。三天的时间，我们初步完成预计任务，为下学期进行德育教育，做好了铺垫，是一次必要而及时的培训！

（七）校本培训主持发言稿（第三天）

尊敬的于教授、亲爱的各位老师：

大家上午好！

烟店镇中学暑期校本培训，到今天已经是第三天了。前两天，朱华教授给我们做了《教学语言表现力提升之旅》的主题报告，许多老师都深有体会。

王丽霞：提升教师语言表现力，是点亮学生心灵的明灯。朱华教授精练的言辞能激发思考，温暖的语调能抚慰心灵。我深感，教师的每一句话都应蕴含智慧与情感，让课堂生动而富有感染力。通过培训学习，我将用规范的、饱满的语调学会朗读文学作品，以更真挚的情感去表达文本思想，让知识的传递成为一场心灵的对话。

王灵云：今天，我有幸跟随朱华教授深入了解到一份精心制作的PPT在课堂教学中扮演的关键角色。我认识到，作为教师，我们不仅要有更广泛的知识储备，还需要更强的综合能力。教师的角色已经发生了转变，这对我们教师的专业素养及教学设计能力提出了更高的要求。这次活动不仅让我积累了宝贵的知识，更是一次对教育理念的深刻洗礼。我坚信，在核心素养理念的引领下，我的教育之路定将走向更加光明的未来。

牛爱华：朱华教授的讲座让我了解到语言在语文教学中的重要性，知识传授应该向方式、方法、情感、美育上转变，应该充分利用艺术的语言特色提高学生的语文兴趣，提高学生对美的鉴赏能力，语文应该是诗意的语文。

从今天开始，为我们进行培训的是于源溟教授。此时此刻，我有些感悟，与大家一起分享：

赵桂霞校长有一本书，叫《建设一所新学校》，大家试想，一所新学校究竟是什么样子？

它应该是外部美观，整齐有序，服装整齐，书声琅琅。

它应该是有思考、有设计、有规划、有行动、有效果！

2011年那年暑假，我开始认识于老师。

2021年，他走进我们学校——烟店镇中学；

他开始领着我们向前行。

于老师第一次把差异当作资源，赋其名曰：拥抱差异。昔日，我们把差异一直作为累赘。于老师，让我们相信了相信的力量。

第一次成立工作坊，

以他的见识和构想，设计、打造、指导过多少所名校，我不知道！

我只知道：我们这所学校，他付出了多少！

已忘记他来了多少趟，

已忘记他说了多少话，

已忘记他做了多少事，

已忘记聊城到烟店，他开了多少次车，走了多少里路，起早还贪黑。

烟店镇中学，就像他的孩子，他的产品。

他付出了许多！

可以说14年的相识、相知，

这是一生的相守！

2023年4月12日，我们举办了第一次临清市现场会；

今年，2024 年 4 月 12 日，我们举办了第一次聊城市现场会；

2024 年，也就是前天，我们举办了聊城市第一次差异化教学展示会。

大家想一想，

五年前的烟店镇中学，我们举办过什么级别的会议和活动？

所有的变化，许许多多，都包含着于老师的思考、智慧和设计。

那天，于老师笑着说：

等到你们烟店成了第一，我就不来了。

今天，我仅仅代表我个人，

代表我的家人，

感谢您，于老师！

第五节　快乐健身篇

（一）健身习惯

习惯决定命运。这句话众所周知，由此可见习惯的重要性。毕竟我们形成一个好习惯难，改掉一个坏习惯更难！

每天打乒乓球的习惯是从去年暑假前养成的，开始时隔三差五打，后来，我竟然成了乒乓球室的常客，还成立了乒乓小群，约球、打球、评球，成为我们体育娱乐三件套。打球让我的拇指磨出了茧子，打球让我的食指磨去皮，前天不小心还把食指上碰掉一块儿肉，但玩性不改，痛并快乐着！

那怎样才能形成良好的习惯呢？首先要有坚强的意志，只有下定决心，坚持、坚持、再坚持，很多习惯就是在坚持中形成的。有人说 21 天，有人说 35 天，有时候，当我们的心中稍有放松，放自己一马，这个习惯离放弃也就不远了！其次要通过外界施压。我在写感悟时，刚开始仅仅在订阅号上发表，后来我发现这样做没有压力，就把感悟发到朋友圈，发到自己的微信群，这样外界给自己施加了压力，也有效果。见到一些朋友时，不时提到我的订阅号经营得不错，也让自己拥有了坚持下去的动力！

人生就是一个养成好习惯、根除坏习惯的过程，由此让自己的格局不断增大、信仰更加坚定、生活更加舒畅！

（二）大汗淋漓话乒乓

几天忙下来，竟没有时间打球了，长时间养成的好习惯被打破，心里特难受，我决定前往乒乓球室侦察一番，没想到，燕老师和马老师已经开战了！

今天特别热，别说打球，就是不活动，汗也会不由自主地冒出来，即使不打，看一会儿也过瘾！他们两个打起来，精彩纷呈，慢时能让你看见球是如何转动的；快时能让你眼花缭乱，精彩不断。看来，不光是打球好，即使看球、评球也是一种享受！过了会儿，邢老师和李老师也来了，这里有上阵打球的、有场外观战的，还有边看边解说的，都不怕事儿大！

今天，这么热的天，打几分钟就出汗了，衣服就湿透了，随它吧！休息时，夫人来了，我们就在室外场地打球，虽说不及室内台子质量好，但还是可以的，虽说动作打法单一，但能锻炼就足够了！

天是热，但这项活动让我们有了乐趣，有了欢声笑语，有了锻炼身体的机会，所以，即使大汗淋漓，我们也高兴！试想，孩子们平日在中午下课后，烈日炎炎下，抱着篮球就向篮球场跑，他们不怕热、不怕晒黑吗？这都是因为喜欢，有乐趣，才义无反顾，投入其中！

总之，当我们喜欢一件事时，所有困难和阻力都不是事儿，都可以克服，体育活动是这样，学习亦如此！我喜欢锻炼，也喜欢学习！

（三）打乒乓球的意义

今天上午，我决定骑电瓶车去学校，夫人说，再不骑，电瓶没电了，又不能用了！在学校见到马老师，我们约定 11 点开打！

自从乒乓球室被移到三楼，我们的乒乓球活动周期由原来的一天一次变成了周末才能去，平时学生要上课，我们不好意思去影响他们，也是没有办法的办法，别的地方已不能设置室内乒乓球室了！

我们都是很守时的，到点一定会"大开杀戒"。这几年来，我们一直坚持着这样的习惯，让我们的身体健康、体质增强，这就是我参加这个活动的意义！

首先，它带给我快乐。不论是每天工作后累与不累，我们都会如约而至，打球的、替补的、看热闹的，义无反顾。多少个黄昏时分、周末之余，我们不约而同地来到这儿，全力"厮杀"，在活动中，大汗淋漓，忘乎所以。我们累并快乐着！

其次，提高了我的打球技术。原来，我也学过乒乓球，但不是很喜欢，隔三岔五玩一会儿。后来在不经意间喜欢看，喜欢打了，喜欢以之为话题了。在打球中提高了技术，锻炼了反应能力，特别是对发球、擦边球的处理水平不断上升。

最后，我养成了习惯。每天都想打一会儿，每次看到别人打，手就痒痒，就眼馋，就想上去打两拍！好在没有耽误什么事。因为经常打球，右手食指都磨出了茧子。

总之，乒乓球作为我国的国球，我要自觉学习，让学生好好练习，为国球而战，加油！

（四）乒乓球之恋

公费师范生培训的第二天下午，二组高唐的一位老师在群里问，谁去打乒乓球，我回复了，只是不知什么时候有空。

今天终于有时间了，下午5点，乒乓球群里，马老师又开始呼朋引伴了。打乒乓球，他是痴迷的，我们几个也差不多！我立马去找他，从办公室二楼到一楼，几步之遥！暑假这空儿，不打它三百回合，我们是不解渴的！

关于乒乓球拍，我有 18 年前用过的四星红双喜，拍面已老化了，但还可以用；我有前几天把拍柄打折了的三星红双喜，如今它躺在桌洞里，已受伤退役了；现在我用的这个三星牌乒乓球拍，是横握拍，我用起来不是很习惯。我还称不上专业打球的，因为前几天，我看见马老师用清理液擦拭拍面，拍侧面贴上保护贴条，每次打完球，还盖上外膜，加以保护，就像呵护自己的孩子，这就是与乒乓球的"恋爱"吗？彰显出他对国球项目的呵护与爱惜！

因为打球，我每天都会大汗淋漓，还要多洗衣服，所有一切都阻挡不了我对打乒乓球的热情。在我们的引领下，学生了解体育，学会一两项体育项目，爱上体育，享受体育，才算是达到我们体育教育的目的！

（五）终身体育

今天，我一直忙到下午 5 点，好累。我决定奖励一下自己，那就去打球吧！其实每天下午，乒乓球群里都会"呼朋引伴"，这样的状况持续了好多年了。每天打完球，累得满身汗，却乐此不疲，满怀激情而来，恋恋不舍而去！

昨天晚上，在水城名师体育工作室研讨中，我们扪心自问，我们小学六年或初中三年，做到让全体学生都掌握一两项体育技能了吗？每名学生有一辈子都喜欢的项目吗？大家都沉默了！所以，我们要主动跟进大单元教学，一个学期就学两个项目，一个一个项目学，穿插组合运用，让学会、多练、常赛成为可能，让活动给每个孩子带来快乐，让每个孩子掌握一两项体育技能！

今天，我就发现，马老师喜欢打各种球，如乒乓球、篮球及羽毛球，他都很喜欢！我原来喜欢打篮球、排球，现在喜欢打乒乓球，也有三项了。

上周通过篮球比赛，我决定组织学生做个大事，掀起轰轰烈烈的学习篮球活动，让学生爱上篮球，经常打球，把它当成终身锻炼的活动！

我今天看了几个孩子写的篮球比赛感悟，璐璐说，她就热爱篮球，这话说得太好了！有一项自己喜爱的体育活动，一直坚持下去，那是一件多么值得高兴的事情！

（六）毛巾拧出水来

临近月末，一个假期已经过半。难得的闲暇时光，在学习读书之余，打会儿球，散散步，是个不错的习惯。这几天一直下雨，天依然很热，在巴黎奥运会期间，边观看边自练，也是一个不错的策略。

今天下午学习完毕，我又想去打球了，带着一袋牛奶前往学校。本来进入校门时，我发现乒乓球室开着门，我就到办公室倒了一杯水，匆匆前往，到了之后门上竟然挂着锁，没人了！我好困惑，不知所以。问过马老师才知道，是另外一伙人在玩。马老师来了，邢老师来了，我们交谈中聊到了李老师，没想到李老师就是曹操，说来就真的来了，只是他没带球拍，也没戴眼镜，那就打不成了，看来他是来打酱油的。在如此炎热的伏天，打球出汗那是必然，所以，我也学着马老师带瓶水，虽然没有马老师那样的淡盐水；也带拍子，虽然没有马老师那样带着拍套，我没有那么在意；也带毛巾，虽然我没有马老师那样经常带，好在，今天我都带了。大汗淋漓之时，擦擦汗，喝口水，挺惬意的。

在我想离开时，二位球友说，以后不能随便走，谁走时，拧一下毛巾，要拧出水来！好家伙，这打球的标准实在是高！

第六节　愉悦读书篇

（一）怎样去读书

自从去年把泽红老师的《有温度的教育》发到大部分老师手中，到全校范围内开展读此书活动，时间已过去半年之久，可见，要想做成一事真不容易！前段时间看了郑建业老师读书的经历，我感觉到自己的渺小，也感受到自己更需要提升成长！究竟在什么时间读书，读书能读出什么，读书的目的是什么？这三个问题，值得我们思考。

读书要挤时间。读书是需要闲暇的事情，每天有着许许多多的事情，怎样保证读书时间呢？正如鲁迅先生所言，时间像海绵里的水！所以，我们读书要挤时间，要见缝插针，要化整为零。每天找出 10 分钟，读几页，时间长了收获就大了。读书不要想一口吃个胖子，这需要时间，需要安静下来，需要沉得住气，才会有效果！

读书要深入。只有静下心来，才会入境，才会慢慢浸入作者设定的时代背景，感受作者心目中的人物、动作、想法，不仅读出书的明线，还读出书的暗线，厘清文章的框架。比如，我最近读一套语文阅读《西游记》中唐僧和孙悟空的成长历程，才更加认识到其成为四大名著的原因，更明白了人人爱读、时时可读的真正原因！

读书要学以致用，这是学习活动最实用的价值，我们读书还要陶冶情操，拿着实用的意义当作最终的意义，显然是不合时宜的。读书，让我们学到更多的文化知识、更多的技能；读书让我们精神生活更丰富，口才更出众，从内向外彰显气场，腹有诗书气自华，才是更高的意义！

总之，读书需要静心、专心和耐心，当我们真正走进书的世界、书的海洋，你的面前将呈现出一个与众不同的、丰富多彩的新世界！那我们就开始读书吧！

（二）读书的意义

在《非一般的语文课》中，刘握宇先生说："我觉得读一本书就像和一个人交流，如果你对这个人没有什么兴趣，那你们说起话来就不投机。读书也是如此。读之前你首先要对这本书产生兴趣，如果你对它没有产生兴趣，你自然就读不下去。"

今天，在整理每日感悟时，我梳理了近两年读过的书，有体育类的，如《备课的门道》《上课的门道》《看课的门道》《评课的门道》；也有一些名著，如《钢铁是怎样炼成的》《麦田里的守望者》《简·爱》等；也有班级管理书籍，如郑立平老师的《把班级还给学生》、李泽红老师的《有温度的教育》等。从书中，我认识到，要"在读原著、学原文、悟原理上下功夫，做到深学深悟，常学常新"，这话确实有道理！

在读过的书里，许多内容和语句都可以忘记，但书的灵魂却留在了我的心中，读书的习惯已在我心中扎根，这才是最宝贵的永远留存下去的东西。行万里路，我行了；读万卷书，却还没有完成，但我忘不了保尔在身残之时钢铁般的意志，忘不了《平凡的世界》中孙少平坐在柴垛上，夕阳西下之时读书入迷的样子，忘不了居里夫人在寒冷的小阁楼入迷地学习，这些片段强烈地影响着我的思想和行动，读书、学习、写作、工作，让自己不断成长，向优秀的人看齐！

（三）读书四要

众所周知，读书是件重要的事情，但很多人每天忙忙碌碌，拿不出时间去阅读。国庆节前，我们在培训时建立的读书群，已经坚持打卡了半月之久，最后会怎么样，现在还不能下结论，但我们都在读书的路上！今天，我想从以下几个方面说一说读书：

第一，读书要趁早。读书从小时候抓，养成良好的读书习惯，有利于理解水平的提高，也有利于学习成绩的提高。对于培养审美能力，成为一个气质高雅的人特别重要，"腹有诗书气自华"便是最好的写照。趁早还表现在读书时间上，早读比晚读好，每天晚上都要入睡了再逼着自己读书就没劲了，所以说，每天的读书趁早完成为好。如果看看书好入睡，也不失为好的催眠策略，那已不是读书任务了。

第二，读书要标记。读书的过程是边阅读、边理解的过程，把一些关键的时间、人物及事件画下来，加深印象，留下阅读的痕迹。不能一本书读过与没读过一个样，那样不行。

第三，读书要写一写。可以摘抄一部分优美的文字做笔记，把重要的知识、情节记录下来，用以加深理解；还可以写一下读书的反思感悟，看一看周围的人怎样读书、怎样处事，与书上进行比较。好记性不如烂笔头，这句话在理，我们不仅记录工作过程，还要不断进行反思，写工作日志，写读书感悟，用以提高自己的写作水平。

第四，读书重在坚持。读书不是力气活，但是个耐力活，需要我们从内心深处愿意读书，不知疲倦地读书写作。我们坚持一周两周容易，但坚持一两年是十分困难的！所以，我们参与读书的每个人，坚持21天是个小胜利，坚持35天就具有挑战性，如果能坚持三年，那就是做了一件了不起的事情。如果能坚持一辈子读书，那是伟大的人物！

总之，我们千方百计在鼓励读书、鼓励读书，但愿在某一个日子，在我们的校园里，看到师生读书的影子，听到读书的声音，讲起读书的故事，让读书成为我们学校师生共同演绎的一道亮丽的风景线！

（四）纪念读书 60 天

从李冲峰老师来烟店，启动燃烧阅读行动、创建学校读书群以来，我已经坚持两个月了。自从开始，我就没停止过一天！两个月来我读过《相信教育，相信未来》《教育中的积极心理学》《怎样培养真正的人》《体育史》（部分）。至于读这些书有多大收获，我不敢说，开卷有益吧！

在今天，我按计划读完了《怎样培养真正的人》，书中有许多话都值得记下来，如"在一个美满的家庭里，妻子通常是道德的指导和主宰，丈夫或者父亲越是服从妇女的意志，孩子就越容易教育好。"

"生活即教育，一切都取决于人。对待生活的态度，取决于生活，将用哪一面来影响人的心灵。"

"专心阅读，深入思考，底子越雄厚，学习越容易。你阅读的东西之中，有千百个接触点同你在课堂上所学的材料连接起来，这些接触点称之为记忆的锚。学会强迫自己天天读书。"

苏霍姆林斯基在很多年前写的文章、说的话，今天依旧适用。关于对人的价值的尊重，关于个性发展，关于对创造能力的培养，关于学校、家庭、社会三者教育合力的形成，关于公民教育，关于劳动教育等理论。苏霍姆林斯基的每一句话，似乎都是为指导中国教育而说的。因此，苏霍姆林斯基的书，不但深刻，而且亲切。在以后的日子里，我希望多读一些他的文章，对于形成自己的教育思想和建立自己的读书风格，大有裨益。

正如今晚在订阅号里读到《写作是最好的自我修行》这篇文章所言，不拘小节，在写作中想怎么写就怎么写，写出对教育的真性情，写出对学生的真爱，写出对所从事的工作和事业的真诚，不拘于字数，不拘于时间，才会天马行空，尽情书写！正如文中所言："写作时，尽量不对自己有所期许，以最低标准要求自己，把写作简化到不坚持都不好意思。"

我身边还有这么一本书，叫《天天书写》，我认为书与写应该是并列关系，天天读书与写作，才对！

（五）谈"书到用时方恨少"

清晨起来，外面下着雨，在家中就四处找伞。我印象中家里有好多把伞，但自己平时保存不好，随处乱放，这样找起来就费劲。好在，我还真找到一把，只是有点坏了，能用就不错了。此时此刻感语："伞到用时方恨少！"其实，生活中，工作中，什么都是一到用时方恨少！最常说的还是"书到用时方恨少"！

为什么书到用时方恨少，我认为有以下几个原因：

首先，指读的书数量少，次数少。读万卷书，行万里路！这话在理，不仅仅指数量，还需要深入阅读和学习，有质量，学以致用，理论联系实际才好！

其次，是读书要有规划。读书不是三天打鱼，两天晒网，而是要有读书的方向，读书的计划，比如"三五"计划或"八五"计划，只有坚持做好这件事，才会有所提高，才不会出现书到用时方恨少的情况。

再次，是要不断反思，及时梳理，留下痕迹。只读不写，效果不会好。只有把读书时的想法写下来，时间长了，才会提高阅读能力，提高写作能力，再不会出现"书到用时方恨少"的遗憾，相反可以才思敏捷，慧如泉涌，达到"腹有诗书气自华"！

（六）读《和谐互助课堂解码》有感

按照昨晚定好的闹钟，我 7:00 起床，开启了一天的学习模式。这几天天气一直不好，室外特别寒冷（室内也不算暖和，供暖人员说是因为气温低，也许是借口），也不适宜室外锻炼身体，就开始读书吧！

李志刚校长的这本《和谐互助课堂解码》，我从清晨就开始精读，一页一行一字开始读，并且一直做着笔记。无论从哪方面考虑，我必须认真阅读，在这个寒假把它读熟读透，读出其中的精髓。可以说，今天的效果比前两天好，前面两章基本读完，笔记也做了不少。读书的过程，就像和李校长进行心灵沟通，感受到青岛即墨二十八中这 19 年来全体师生一直走在和谐互助的路上，成长了学生，成就了老师，发展了学校，体现了一个好校长就是一所好学校的说法。本学期最后的日子，我们学校把即墨二十八中教研团队请进学校，给我们作报告和上课；放假了，我们又买来书籍，齐读一本书，从各方面尽最大可能了解二人合作互助学习的精髓，为寒假集中培训和开学进行实践，奠定基础。

反思：可以说，这本书是我阅读工程开始的第一本书，时间上充足、态度上端正、阅读上深刻，我相信会取得一定效果。2024 年，就从读书开始吧！值得高兴的是，一天来我没有荒废时光，既可以读书学习，还可以在家做家务，相当于锻炼身体了，劳逸结合，我很知足。继续深耕，这是最好的破圈方式！

（七）读《一辈子只做班主任》有感

今天一直在下雨，看来，雨季真的来临了。长久的干旱过去了，留给我们的是一个白花花的水世界。即使这样，我今天读了书，参加了钉钉会议，还和好友在乒乓球室大战几十回合，以大汗淋漓结束战斗。

微山年会，我见到了郑立平老师，他送给我两本书，一本是张万祥老师的《一辈子只做班主任》，一本是张国东老师的《教育幸福可以这样追求》。今天，我开始拜读张老师的佳作，而且是从后向前阅读。在《书房是动力源》一章中，我对其中一句话印象特别深刻："舍得物质享受是快乐，放下物质享受是幸福。越来越大的书房，变成越来越小的书房，其中奥秘，你只有读了才会知晓。"张老师主编的专著中，刚好也收录了我的两篇文章。昨天晚上，元芬老师在订阅号文章《幸遇读书人》中就提到了我关于读书的文章《读书三化，让生命在缕缕书香中延展》，可以说，因为深深地受到了郑老师的影响，我才会爱上读书，爱上写作。在《深邃的思考促我更上一层楼》一章中，张老师把有内容、有思想、有文采、有睿智、有内涵、有时代精神的好语句摘抄下来，以期送给青年才俊。我称不上才俊，在群里，我也时常感受过这些精美句子带给人的精神滋养；班主任要完成教书育人，就必须不断学习，用新知识丰富自己、充实自己、提升自己，为学生作出终身学习的表率。十几年来，我一直时时处处严格要求自己，不断学习，提高自己，我一直在坚持追求的路上。

反思：读书，已经成为我每日的习惯，每日一记已经成为每天坚持写作的习惯。除了坚持，我还在追求质量，让自己的能力不断提升，让教育更有力。 追求、坚持、全力以赴，为自己加油！

第七节　文章发表篇

缘定心语，诗化人生 [1]

郑立平老师曾经说过："在成长的路上，我们究竟能走多远，不仅要看自己的执着，还要看和什么人一起同行。"

2010年末，我在博客里邂逅并结识了郑立平老师（追梦书生）。是他，让我与昨天告别；是他，让我走进"心语"（全国班主任成长研究会）；是他，让我走进《心语月刊》，开始走上属于自己的人生追梦之路。如今，我加入"心语"，已经有一年多的时间，"心语"带给我太多太多的感悟。今天，我就用自己的拙劣之笔，来记录自己的点滴感受。

（一）从"相见恨晚"到"热情追随"——激情的迸发

自工作以来，我一直在工作中摸索前行，苦苦挣扎却没有名师指引，没有团队帮助，效率事倍功半，这样的苦恼谁又能理解？值得庆幸的是，我认识了我人生的贵人——郑立平老师，没有早一步，也没有晚一步。从此，我的人生翻开了新的一页。夫人也曾经和我调侃："如果你早些认识郑老师，就不会这样平庸了，写作水平也不会这么差了！"在"心语"，我有困惑时，有良师给我解惑；我有疑问时，有益友为我解析。一年多来，我曾东到淄博周村，北上北京、天津，南闯河南郑州，去学习专家关于班级管理的讲座，虽未行万里路，对我来说却也是记忆深刻。带着希望和梦想，我千里迢迢去追寻属于自己的梦。我忘不了，在郑州我一路狂奔，去追赶已行驶而过的公交车；我忘不了，当我坐在从北京学习归来的火车上时，恰是春节期间，真正理解了立锥之地的含义；我

---

① 本文发表于《师道》2012年7—8期第18—19页。

更忘不了，从天津归来，在汽车站等车之时，即使站着我也可以入睡的场景。

（二）从"风雨无阻"到"爱在教育"——华丽的转身

这两个虽都是QQ昵称，但意义大相径庭。2009年，我申请了第一个QQ号，网名"风雨无阻"，那时，我确实做到了"风雨无阻"，特别是对我的网上农场，情有独钟。我有300多个菜友，是一个优秀的"菜农"。最入迷时，我能记录下每位"菜友"的"菜"的成熟时间，精确到分秒，不论什么时间成熟，我都会义无反顾地坚持"收菜"，即使深夜也不放过，连续地"收菜""偷菜"，我的"金币"曾经达到过2000多万，开垦了18块"红土地"。可现在回想起来，我收获了什么？什么也没有！加入"心语"后，所有这些都发生了翻天覆地的变化。为了团队交流方便，我重新申请了一个QQ号，网名"爱在教育"，也从侧面表达了我把爱心献给教育的决心。爱心不是教育的全部，但教育不能缺少爱。我们面对的是一个个鲜活的生命，一双双渴求知识的眼睛。一个学生对教师来说，也许只是1%，但对于每一个家庭来说是100%。因此，作为老师的我，会用爱心对待班上每个孩子，让每一位学生都得到关注，让每一朵生命之花都绽放出绚丽的色彩。现在我这个QQ号又有了100多个网友，但他们都是久经考验的教育知己，随意说一个，我们都进行过交流，很多都有电话联系，都能在关键时候互相帮助，大家共同提高。

（三）从与书无缘到静心乐读——真正的悦读

回想过去，我的阅读史可谓一片空白。说实话，从前的日子，我真没有完完整整地读过一本关于班主任管理方面的书籍。现在，我拥有了郑立平老师的《把班级还给学生》、李镇西老师的《做优秀的老师》，我还追加订购了《班主任》和《班主任之友》，我的书架上终于有了几十本像样的教育书籍。一位老师曾告诫我："天下熙熙，皆为利来，天下攘攘，皆为利往。做教育最需要的就是安静，而现在的教育就是这么热闹而浮躁。有这个时间，不如多看点书充实充实自己。如果你做教育希望成功，就要耐得住寂寞。否则，剩下的也就是花花草草了……你无法左右别人，只能把握自己。"阅读成了我每天必不可少的习惯。一年来，我认真阅读，圈圈画画，读到精彩处，我也会学着著名作家一样，写一下自己的读后心得，发表一下自己的感言，走走停停，我的读书笔记也有了十几本。多少个日日夜夜，我在灯下静静读书，黎明时奋笔疾书。写得多了，说得多了，练得多了，原来那个在别人面前词不达意、面带羞涩、性格内向的我，也逐渐有了一点变化，有了一点进步。

（四）从"错字连篇"到"小有成效"——幸福的坚守

几十年来，我竟没有写过一篇像样的文章。在博客或者网络中，看着名家名作，我心中想：什么时候我的文章水平也能提高一点儿，即使达到人家的一半，也足矣！加入"心语"后，我在郑老师及一些朋友帮助下，尝试练笔写作。一年来，我一直坚持写日记，300多篇日记见证了我努力的历程。从原来每篇的一二百字，内容犹如流水账，到今天，我不会再为几百字的文章发愁。文章句子通顺了，逻辑性强了，内容也算突出，主题还算鲜明。渐渐地，我爱上了写作。锻炼写作的另一种方式就是紧跟群内的话题讨论。本着积极参与、经常锻炼的想法，每一次话题讨论，我都会积极准备文章；每次视频讲座，每当主讲人讲座结束后，我都会立刻写出来，说出自己的真实感想，虽然还不够深刻。因为我明白，我是来学习的，我就是想通过各种方式锻炼自己。

从"抓耳挠腮"到"有板有眼"——管理的提升

从前，班级出现什么问题，我就处理什么问题，头疼治头，脚疼治脚，费劲不少，但收效甚微。自我外出学习归来，我也曾经试着照葫芦画瓢，但往往都行不通。通过实践，我更体会到仅仅靠模仿那是绝对不行的。

因为每个班主任面对的是不同社会环境、不同的学生，我们只有具体问题具体分析，对症下药，才能找到自己的班级管理策略，进行有效的管理。我的班级管理走过了从开始照搬名家经验，到根据本班特点进行规划管理的路。一年多来，面对时时变化的学生，我班实行班级管理小组轮换，召开主题班会，考前向同学们下挑战书等方式，用特别的方式对待特别的"他们"。现在，我的孩子们，学习成绩有赶超，棋类比赛有擂台，班级事务抢着做。学生们在学习中成绩不断提高，能力不断增强，健健康康成长。

（五）从囊中羞涩到收获颇丰——水到而渠成

因为话题讨论，我拥有了在《班主任之友》上发表了一点文字的喜悦；因为参与视频活动，我有了在网上作为主讲人讲座的尝试；因为现场讲座，虽只有几百人，也荣幸听到与会班主任的热烈掌声。在郑老师《把班级还给学生》的网上书评讨论中，因为我准备得还算充分，我的那部分书评也幸运地被采用，并且刊登在《中国教师报》上。

在 2011 年，我获得"临清市师德标兵"的同时，在教师节期间也幸运地被评为"聊城市优秀教师"。虽然我的这点成绩和别人相比是小巫见大巫，但这是我付出之后的收获。虽然没有大的成功，可我已经迈出了可喜的一步，已经走在了追梦的路上。因为我经历了充实、快乐，享受了幸福，深深地体味到苦后有甜、充实快乐的幸福。

当所有的变化都朝有利于你的方向发展时，这样的成长势不可当。我想告诉大家：通过自己的努力，我只想做一名合格的老师，做一名不误人子弟的班主任，我心足矣！我相信，这样的人生可谓充实的人生，这样的人生就是幸福的人生，而且这样的幸福是发自内心的幸福！

读书三化，让生命在缕缕书香中延展 [①]

作为一名体育教师，在工作岗位上我平平庸庸地度过了十几年，一直没有养成读书的习惯。2010年，我又做了班主任，面对班上几十位风格迥异的孩子才感到智穷才尽，我决定开始读书，向优秀教师学习。通过读书，我有了属于自己的教学方法。

（一）读书常态化

每次出差前，我首先考虑自己带什么书。不仅仅带着书，我还带着几个笔记本和好几支笔，总怕笔到用时方恨少。夫人总取笑我："拿这么多书和笔，够用几年的了。"坐在车上，没有人打扰，可以心无旁骛、津津有味地阅读。几年来，我去北京、天津、郑州出差，一路上也着实读了不少书。枕头一侧总放着一摞书和本子，平时每天入睡前拿过来就读，自己总调侃："毛泽东他老人家就喜欢在床头放很多书。"夫人就数落我："你怎么能跟伟人比？"我也会反驳："即使我没有伟人的智慧和能力，但我可以有他们的态度和勤奋，这已足矣！"

（二）读书多样化

人进食，不仅需要碳水化合物、脂肪和蛋白质，还需要水、矿物质和维生素，哪种物质缺乏了，人都会生病，所以我们在平时要注意饮食平衡，食补好于药补。只有各种营养齐全了，我们的身体才会健康。同理，在我们平时的教学和班级管理中，如果我们缺乏某一方面的知识，就有可能造成某些失误，所以我平时除了读一些教育理论和班级管理方面的书外，还会把《读者》《青年文摘》及心理学方面的书摆到案头、放在床边，从而让自己不至于因为缺乏某方面的"营养"而影响班级和学生的"健康"。

---

① 此文收入张万祥主编《班主任修心养德100篇千字妙文》。

（三）读书写作同时化

在平时读书时，一旦有什么想法，我就会随时拿出笔来记下，因为有时虽然认为想得很清楚，但过一会儿就有可能忘得一干二净，所以我一旦有灵感，都会立即记下来，即使是在深夜。凭借这种态度，我的一些文章都创作于不同的场合，几年下来，我写的文章不下几百篇。看看自己的文字，感受自己的收获，体会自己的充实，我很知足。我相信，在将来我也会写出一些出类拔萃的文章。

我爱上了读书，无时无刻；我喜欢上了写作，竟有了"不动笔墨不读书"的习惯。读书，让我拥有一份绝美的心情。因为读书，我的生活变得充实快乐；因为读书，我的生命在缕缕书香中得到延展！

读书，让我拥有一份绝美的心情。我深深陶醉在作者的世界中，品味他们对生命、生活、自然的态度；他们凝练、隽永的文字和对教育独到的见解给我深深的启迪……"路漫漫其修远兮，吾将上下而求索"，在人生征途中，我只愿平和而宁静地与书为伴，纯洁而超然地与书为友。在教育中，我期待与学生缩短心灵间的距离；在读书中，我感悟人生，让生命在缕缕书香中延展！

双减背景下构建高效初中体育教学的策略研究 [①]

摘要：体育教学是"五育"的重要组成部分，对于学生的发展有着重要意义，是以"育人"为导向的学校教育中不可或缺的一部分。在课程标准的指导下开展体育教学，教师应优化教学策略以契合"双减"政策的要求，实现学校体育教育的高质量发展。该文剖析了制约体育高效教学的"三原因"，分析了影响体育教学高效性的"三因素"，提出了构建高效初中体育教学的"五策略"，以期推动"双减"政策背景下体育学科"育人"功能的切实落地。

关键词："双减"；初中体育教学；策略

引言

现阶段，"双减"政策已然成为家喻户晓的"大明星"，走进了校园，深入了师生的生活，它相较于此前国家颁布的 9 道"减负令"，最大的区别就在于强调教学方式的优化创新，确保学生达到国家规定的学业质量标准，从而将教学方式的创新作为落实"减负"的一个突破口 [1]。《义务教育体育课程标准（2022 年版）》提出了"体育课堂应从'以知识与技能为本'转变为'以学生发展为本'"的要求，强调要培养学生运动能力、健康行为、体育品德的核心素养。可见，"双减"之下构建高效初中体育课堂已然成为当代一线体育教师研究的新课题，也是扎实推进"减负增效"的有效途径。

（一）制约体育教学高效性的"三原因"

诸多研究表明，"双减"政策的落实并不能一味地"减"，而是要在"减"的同时做到"加"，细化至初中体育教学，则是教师当有意识

---

① 本文发表于《冰雪体育创新研究》2023 年 9 月下第 57—59 页。

地构建高效的初中体育课堂。但目前初中体育教学的效率并不理想，尚且谈不上"高效"二字，究其原因主要是教学内容贫瘠、教学方式单一、教学评价落后，具体如下：

1. 教学内容的贫瘠。新课标指出义务教育阶段的体育课程应将"体育与健康知识""技能和方法"作为课堂的主要学习内容，以达到培养学生的核心素养、提升学生身体素质、增强学生心理健康的教学目标。可知，体育课程强调在培养学生运动能力的同时将健康的、积极的运动观念与良好的体育课堂相融合。这就意味着，体育课堂的教学内容不能局限于"运动项目"本身，应围绕相应的运动项目展开知识、技能、理念等维度的全面学习，以推动学生的知识、技能、健康、品德等品质的全面发展。然而纵观现阶段的初中体育教学内容，诸多教师依旧将"运动能力"作为唯一的教学内容，习惯围绕教材中的运动项目展开简单、浮于表面的体育锻炼，而忽略了教学内容的深度挖掘与优化创新，不仅导致教学的滞后，更与课程改革的目标背道而驰。事实上，陈旧的教学内容不仅让学习浮于表面，也进一步降低了学生对于学科的参与欲望，不利于学科教育的发展。因此，"双减"政策导向下的体育课堂要更新教学内容，推动教学内容的丰富性、多样性发展，从而让学生能在学到丰富的体育知识的基础上获得身体素质、品格与能力的全面发展。

2. 教学形式的单一。尽管中国展开了多次的教育改革，但现阶段的体育学科的教学理念和教学方法仍然受到传统观念的影响，导致教学形式单一。目前，诸多教师的体育教学分"三步走"。第一步，教师结合教材展开体育项目的理论知识与技术要点的讲解；第二步，教师展开动作示范；第三步，学生进行模仿练习，教师进行动作纠正。千篇一律的教学形式导致教学趋于机械化、模式化，学生对于体育项目的认知也趋于片面。学生在课堂中所学到的是单一的动作技能，其对于体育项目的认知是割裂的、孤独的。而这对于学生的系统化运动技能存在不利影响，更遑论对体育技能与运动战术意识的培养与发展。因此，要达到体育课堂"增质"的目的，就要优化教学形式，通过多样化的教学形式让学生意识到体育课堂并非简单的"体育运动"，而是体育知识、体育运动、体育文化、体育精神等的"结合体"，让学生能积极主动地参与体育运动、了解体育知识与文化、培养体育精神。

3. 教学评价的落后。评价作为课堂教学不可或缺的环节之一，它呈现出检测、反馈以及激励等功能性，尤其对于提升师生"教"与"学"有效性有着显著的指向作用。然而目前众多的一线体育教师并未认识到"评价"之于课堂教学质量的重要性，具体的实践教学中，仍旧采用传统的、落后的、单一的评价标准，甚至偏激、生硬地将评价"剥离"出体育课堂，致使课堂之上学生真实的运动能力不能客观地外显，更遑论内在的认知与品德。通过走访调查发现，目前诸多体育课堂的教学评价依旧局限于"立定跳远距离"等固定的标准。然而学生作为独立的个体，个体间的身体素质存在较大的差异，对于体育项目的兴趣与爱好也不尽一致，对体育运动、健康的认知更是各不相同。单一的评价维度与评价标准导致学生无法对自己的体育学习水平产生全面、正确、系统的认知，不利于体育课堂"育人"功能的切实落地。如何拔除这种"沉疴旧疾"？就需要优化评价模式，让学生在"正视自我"的基础上进行体育素养的规划，让学生能达到体育学科维度的"最近发展区"。

（二）影响初中体育高效性的"三因素"

1. 教师因素。作为课堂教学的主导者，教师对于初中体育课堂的高效性有着显著的影响，具体可以从主观与客观两个维度进行分析。从主观维度出发：在以升学为导向的、传统的教育理念的影响下，诸多教师往往将升学考试作为教学理念，将"智育"置于教学的首要目标，将"灌输"

作为教学的主要手段，忽视了学生认知、思维、情感、观念与能力的培养。这就导致教师的教学以"升学"为目的，从而"主动"地忽视了教学内容、作业形式等的丰富与优化。从客观维度出发：诸多家长与学生对于体育课堂的认知程度不够。当教师展开一系列体育活动时，往往出现"搞那么多花样""没有必要占时间"等反对声音，导致教学活动无法良好地开展。

2. 学生因素。作为体育课堂的主体，学生的参与性与自主性对课堂教学的效率有着直观且深远的影响，而通过走访与调查发现，一些初中生对体育学科的兴趣与认知不高。具体为：第一，兴趣不高。一些学生认为体育课等同于"做运动"，且是犹如扯线木偶般的机械复刻，整个过程中既枯燥又辛苦，更无充沛的自主空间，始终处于"紧绷"状态的"人"只想逃离，根本不可能生出"喜爱"，更遑论激发出浓厚的兴趣；第二，认知不高。部分学生因来自中考的压力，将体育课视为学习征途之中的"拦路虎"，认为体育学科的主旨就是锻炼体魄，根本未能意识到体育学科与数学、语文、物理等学科之间的密切关联，更未"看"到体育训练蕴含着的"品质"，致使学生面对体育课堂上的训练任务时采用"应付了事"的态度，很大程度上弱化了训练任务的育人价值，进而让构建高效初中体育课堂沦为一句"口号"。俗话说："巧妇难为无米之炊。""双减"之下的初中体育教学也不例外，教师即便拥有高超的素养与技能，而作为课堂教学主体的学生始终持有"走马观花"，甚至"甩手掌柜"的态度，根本不可能提高课堂上"教"与"学"的效率，所以学生就是影响初中体育高效性的重要因素之一，且是不可回避的。

3. 环境因素。环境因素包含家庭环境、学校环境两个维度。家庭环境对于学生的影响主要包含观念、管理、方法三个维度。于观念而言：诸多家长过于重视学生学习成绩，认为体育学科是"副科"，对学生产生潜移默化的观念影响，导致学生容易将体育学科任务与作业置于次要位置。于管理而言：部分家长存在"缺位"的现象。学生在学习、生活中的困难、烦恼与困惑得不到家长的帮助与开导，导致学生出现一系列的情绪问题，继而影响学生的体育学习。于方法而言："打压式"教育与"溺爱式"教育横行，导致学生或丧失学习的勇气，或过度轻视体育学习，不利于体育教育的发展。学校教育是体育教育的最重要的场所，对教学的质量与效率有着直接的影响。就现阶段而言，一方面，学校对于教师的教学成果的评价体系仍未建立；另一方面，"家校共育"系统尚不完善，学校与家庭之间的沟通存在缺口。

（三）构建高效体育课堂的"五策略"

构建高效体育课堂，是当前一线体育教师亟待解决的重中之重，也是扎实推进"双减"政策落实的有效途径，更是实现"立德树人"这一根本任务的应然之选。为此，我立足于制约初中体育教学高效性的"三原因"，围绕影响初中体育课堂教学高效性的因素——学生、教师、环境，提出了构建高效初中体育课堂的"五策略"，寻找与探讨正确处理"减"与"加"关系的方法，以助力"双减"政策真正落实。

1. 提高学生自主性：营造积极学习氛围，罗杰斯的意义学习理论认为"学习是以学习者为中心的学习"。学生是拥有自主学习、自主拓展能力的个体，是课堂的"主人翁"，更是"发展"的主体。因此教师应在课程标准的指导下围绕学生展开教学活动的设计，为学生提供有效的学习资源，营造平等、积极、互动、合作的学习氛围，促成新型师生关系的建立。因此，教师作为课堂的"辅导者"与"引导者"、学生发展的"促进者"，应在学校的指导下为学生营造积极、自主的课堂环境，为学生的发展提供"台阶"与"扶手"，让学生不仅能获得"鱼"，更能学会"渔"。以体育课堂的"热身环节"为例，热身是体育运动不可或缺的一部分，也是学生展开体育课堂学习的"习惯动作"。但是诸多学生容易对该环节产生"轻视"的情绪，往往敷衍了事。此时，教师可以展示不同的热身运动，引导学生展开"弓步压腿的跨步为何要这么大幅度？""为何扩胸运动要经历以下步骤？"等问题的讨论，引发学生之间的相互交流，增强学生的参与兴趣，让学生在"做"的过程中实现"学"，让学生深度了解运动细节，也充分意识到热身运动的重要性，有效培养学生"自主"的优质习惯。

2. 提升课堂趣味性：开展丰富的体育活动。罗杰斯认为，只有通过情感参与的认知活动，才能够让学生达到认知的"高水平"。强调了情感教育在课堂中的重要作用。而对于体育学科而言，其教学内容能让学生迅速产生学习兴趣，从而确保学生能积极参与到课堂之中，为学生认知水平的发展提供情感支持。因此在实际教学中，教师应重视课堂趣味性的提升[2]。首先，教师应充分了解学生的"兴趣点"，从而做到精准地展开教学活动、教学任务、课后作业的设计。其次，教师要采取多样化的形式确保学生的课堂参与度，如游戏教学、分组对抗赛的举行等。最后，教师应营造平等、交流、互助的课堂氛围，让学生勇于问、敢于说，从而解决学生内心深处的困惑。例如，在田径运动的教学中，教师可以采用"游戏"的方式展开教学以提升学生的参与程度，增强课堂的趣味性。通过调查可知，学生对于"撕名牌"活动有着较大的兴趣。因此，结合田径运动中的"奔跑"活动，教师设计"分组撕名牌"的教学活动。将学生分为若干小组，每小组派出一名成员围绕所设定的圆圈进行"撕名牌"比赛，按照留下的顺序依次进行积分。最后，根据积分的高低进行排序。通过在游戏环境下展开田径训练，不仅增强了课堂的趣味性，也让学生能真正地展开"沉浸式"训练，从而实现高效课堂的建构。

3. 强化评价科学性：进行多样评价。通过多元化、科学化、系统化的评价体系能让学生产生正确的自我评价与自我认知，从而正视在"学"的过程中所面临的问题与存在的不足，对于高效体育教学有着不容小觑的影响。体育教育面向所有学生，意在提升个体的体育学科核心素养。然而学生的身体素质、心理水平、认知能力均存在较大的差异，单一的评价难免存在"偏颇"的现象，不利于学生的个性化发展。而科学的、系统的评价体系能通过多主体、多方式的评价模式对"学"的结果与过程进行综合评价，从而助力学生达到专属于自身的体育学科"最近发展区"。例如，在完成篮球项目的教学之后，教师在完成运球动作、传球水平、投篮个数的技术水平评价，引导学生以小组为单位开展技术"友谊赛"，并要求其互相进行技术评价与进步性评价，从而让学生能在和谐的氛围之下正确地认识自身的水平、发展的程度。而在课堂的最后，教师引导学生大胆说出对自己的评价。而针对表达意愿较弱的学生，教师还可以通过"匿名小字条"的方式进行意见交流与想法收集，从而真正让"发展"成为课堂的主旋律。

4. 增强作业灵活性：布置开放式课后作业。"双减"政策的初衷就是让中小学生自由成长，细化至初中体育学科，教师要有意识地增加体育锻炼的灵活性、针对性、趣味性以及层次性，让体育训练从"机械盲目"转化为"科学规划"，一方面能够调动学生参与体育课堂的积极性，促使学生自然而然地从"要我锻炼"过渡到"我要锻炼"；另一方面也能够为能力、行为以及品德"进"体育课堂提供充实又恰当的空间，充分发挥体育学科的育人价值，最终达成"育人""育才"的预设目标[3]。设计灵活性的体育作业时，教师可以将作业分为个人作业与小组作业，让学生不仅能独立思考、独立实施，也能相互合作、共同进步。例如，教师可以通过"体育锻炼周计划"的活动，要求学生根据自身的兴趣爱好、时间安排、身体条件进行个人或小组体育锻炼的规划。教师作为计划的

"把关者"，对学生的锻炼计划进行审核与指导。而家长作为计划的"监督者"，监督学生的计划完成情况。通过自主规划、自主实施的过程，让学生正确地认识自我，也对健康的运动行为、优良的运动品格有了更为深入的了解。

5. 培养育人延续性：落实家校共育模式。体育教育具有延续性，它的"育人"功能不仅存在于课堂之中，更存在于课堂之外。体育运动与学生的生活息息相关。通过课堂的"学"，学生可以在家庭、社区等氛围之中展开"用"，从而让家长与学生能认识到体育运动的重要性，让体育运动成为学生生活的一部分，也让健康、积极、科学的生活方式成为学生生活的"主旋律"[4]。以"健美操"教学为例。教师应充分发挥"家校共育"的先进性，通过家庭、社区参与的方式让学生不仅实现"学"，更做到"用"，从而充分实现体育教育"育人"的延续性。例如，学生可以充当"家庭小老师"的角色，将所学的健美操进行家庭教学，在完成体育作业的同时让家庭氛围更加融洽。又如，学生可以组织"快闪"活动，在闹市中进行健美操舞蹈表演，充分展示积极向上的精神面貌。与此同时，学生还可以积极参与社区的广场舞，与小区各年龄段的人群共同参与这项运动。通过不同类型的课后活动，充分达到"家校共育"的效果，实现课后的学与用。

（四）结束语

综上所述，"双减"政策背景下的初中体育教学不仅强调"减负"，更强调"增质"，要求在有限的时间内实现高效学习[5]。而这离不开教师、学生、家长、学校的共同努力。通过营造积极的学习氛围提升学生自主性，通过丰富的活动提升课堂趣味性，通过多样化的评价增强学生自我认知，通过开放式的作业增强体育运动的实践性，通过家校共育实现育人的延续性，实现学生"运动能力、健康行为、体育品德"的协同发展，最终构建高效初中体育教学。

参考文献：

[1] 周序,付建霖."双减"背景下如何实现课堂教学的应教尽教 [J].中国教育学刊，2021（12）：1-5.

[2] 邵伟德，谭乔尹，栗家玉，等."双减"政策促进学校体育改革的内在逻辑、问题检视与推进策略 [J].体育学刊，2023（3）：99-105.

[3] 张铁琦.初中体育教学提升学生主动参与策略探讨 [J].学苑教育，2023（11）：54-56.

[4] 李媛媛."双减"政策下中学课外体育活动及体育竞赛现状分析 [J].当代体育科技，2023，13（13）：178-181.

[5] 邓林远."双减"政策背景下学校体育的发展机遇、突破重点及发展途径 [J].辽宁体育科技，2023，45（3）：1-4.

第八节 体质评价篇

烟店镇中学八年级学生体质测试体育评价方案

根据教育部、省教育厅关于初中毕业生体育考试相关政策要求，引导学校全面推进素质教育和学生积极参加体育锻炼，促进青少年体质健康水平不断提高，持续发挥体育考试的导向作用，特制定我校初中毕业生体育考试实施方案。

（一）总体要求

体现"公开、公正、公平"原则，体现对学生体育锻炼积极性、主动性、长期性的激发和引导作用，体现对学生意志品质和道德情感的培养作用，体现对学校体育工作的推动作用。实施体育考试应与学校体育课程教学相结合，与实施国家学生体质健康测试相结合，与学生日常锻炼过程相结合，与培养学生体育兴趣爱好和特长相结合；要有利于体育课教学质量和效果的提高，促进课程改革与建设。

（二）考试对象：烟店镇中学生。

（三）考试项目、计分办法

考试成绩由运动参与、体质健康测试、运动技能测试和统一考试四部分组成。在初二学年下学期，采用统一的测试设备和软件，进行集中测试，共测试7个项目，满分100分，按实际得分的权重核算出总分，再按30%折算（四舍五入，保留两位小数）。其中，体质健康测试（30分）。测试在初二学年下学期，采用统一的测试设备和软件，进行集中测试，共测试7个项目，满分100分，按实际得分的权重核算出总分，再按30%折算（四舍五入，保留两位小数）。

项目和权重如下表：

单项指标	权重（％）
体重指数	15
肺活量	15
50 米跑	20
坐位体前屈	10
立定跳远	10
引体向上（男）/1 分钟仰卧起坐（女）	10
1000 米跑（男）/800 米跑（女）	20

体质健康等级评定

体质健康等级评定，将从以下七个方面进行综合评定：1. 身体基础指标（主要测身高、体重、肺活量）；2. 基础体能爆发力测试，主要测50 米跑、立定跳远、引体向上（男）、仰卧起坐（女）；3. 基础体能耐力测试（男 1000 米、女 800 米）；4. 基础体能柔韧性测试。以上项目测试，各单项分别计分：A+ 计 5 分，A 计 4 分，A- 计 3 分，B 计 2 分，C 计 1 分。特殊体质的学生，体育评审小组酌情考虑，单独考核。

八年级学生体育等级总评价表（满分20分）			
班级_____ 姓名_____ 学号_____ 日期_____			
等级	等级量规	等级认定	主考签名
水平 C	1. 身体基础指标（主要测身高、体重、肺活量）； 2. 基础体能爆发力测试，主要测50米跑、立定跳远、引体向上（男）、仰卧起坐（女）； 3. 基础体能耐力测试（男1000米、女800米）； 4. 基础体能柔韧性测试。项目总分6分及以下。		
水平 B	1. 身体基础指标（主要测身高、体重、肺活量）； 2. 基础体能爆发力测试，主要测50米跑、立定跳远、引体向上（男）、仰卧起坐（女）； 3. 基础体能耐力测试（男1000米、女800米）； 4. 基础体能柔韧性测试。项目总分7～9分。		
水平 A-	1. 身体基础指标（主要测身高、体重、肺活量）； 2. 基础体能爆发力测试，主要测50米跑、立定跳远、引体向上（男）、仰卧起坐（女）； 3. 基础体能耐力测试（男1000米、女800米）； 4. 基础体能柔韧性测试。项目总分10～12分。		
水平 A	1. 身体基础指标（主要测身高、体重、肺活量）； 2. 基础体能爆发力测试，主要测50米跑、立定跳远、引体向上（男）、仰卧起坐（女）； 3. 基础体能耐力测试（男1000米、女800米）； 4. 基础体能柔韧性测试。项目总分13～15分。		
水平 A+	1. 身体基础指标（主要测身高、体重、肺活量）； 2. 基础体能爆发力测试，主要测50米跑、立定跳远、引体向上（男）、仰卧起坐（女）； 3. 基础体能耐力测试（男1000米、女800米）； 4. 基础体能柔韧性测试，项目总分16～20分。		

身高体重指数

以下评价是针对大多数常人的评价标准，针对特殊遗传原因、后天非抗拒因素导致的特殊情况，经评委小组集体讨论研究后酌情考虑，按特殊情况处理。

身高体重指数（BMI）单项评分表							
班级_____ 姓名_____ 学号_____ 日期_____							
	等级		等级量规	等级		等级量规	等级认定	主考签名
男生	正常	A+	18.5-23.9	正常	A+	18.5-23.9		
	偏瘦	A	≤18.5	偏瘦	A	≤18.5		
	偏胖	A-	24-29.9	偏胖	A-	24-29.9		
	中度肥胖	B	30-39.9	中度肥胖	B	30-39.9		
	重度肥胖	C	≥40	重度肥胖	C	≥40		

女生

说明：BMI 全称为 Body Mass Index，指体重指数或身高体重指数。BMI 是评估体重和身高比例的重要参考指数，通过该指数可以判断人体是否肥胖。

计算公式为 BMI= 体重（千克）÷ 身高（米）的平方

（举例说明：我的体重是 49 千克，身高 1.56 米，所以计算我的 $BMI=49÷1.56^2=20$，属于标准体重。BMI ≥ 24 的人，不论偏胖或肥胖，都需要减肥。BMI ≤ 18.5 的人，需要增重）

50 米跑、立定跳远，多选，最后取最高项得分。

50 米跑单项评分表（单位：秒）								
班级＿＿＿＿　　姓名＿＿＿＿　　学号＿＿＿＿　　日期＿＿＿＿								
	等级		等级量规		等级		等级量规	等级认定	主考签名
男生	优秀	A+	≤7.5	女生	优秀	A+	≤8.0		
	好	A	7.6-8.1		好	A	8.0—8.5		
	良好	A-	8.1-9.2		良好	A-	8.5-9.6		
	及格	B	9.2-10.5		及格	B	9.6-11.0		
	较差	C	≥10.5		较差	C	≥11.0		

立定跳远单项评分表（单位：厘米）								
班级＿＿＿＿　　姓名＿＿＿＿　　学号＿＿＿＿　　日期＿＿＿＿								
	等级		等级量规		等级		等级量规	等级认定	主考签名
男生	优秀	A+	≥226	女生	优秀	A+	≥188		
	好	A	210-225		好	A	174-187		
	良好	A-	190-209		良好	A-	159-173		
	及格	B	170-189		及格	B	144-158		
	较差	C	≤169		较差	C	≤143		

肺活量测试单项评分表（单位：毫升）

班级＿＿＿＿＿＿ 姓名＿＿＿＿＿＿ 学号＿＿＿＿＿＿ 日期＿＿＿＿＿＿

	等级		等级量规		等级		等级量规	等级认定	主考签名
男生	优秀	A+	3700 以上	女生	优秀	A+	2800 以上		
	好	A	3200-3699		好	A	2500-2799		
	良好	A-	2600-3199		良好	A-	2000-2499		
	及格	B	2000-2599		及格	B	1500-1999		
	较差	C	1999 以下		较差	C	1499 以下		

引体向上 1 分钟（男）仰卧起坐 1 分钟（女）单项评分表（单位：个）

班级＿＿＿＿＿＿ 姓名＿＿＿＿＿＿ 学号＿＿＿＿＿＿ 日期＿＿＿＿＿＿

	等级		等级量规		等级		等级量规	等级认定	主考签名
男生	优秀	A+	12 个以上	女生	优秀	A+	47 个以上		
	好	A	10-11 个		好	A	40-46 个		
	良好	A-	8-9 个		良好	A-	30-39 个		
	及格	B	6-7 个		及格	B	20-29 个		
	较差	C	5 个及以下		较差	C	20 个以下		

男生女生铅球单项评分表（单位：米）

班级＿＿＿＿　　姓名＿＿＿＿　　学号＿＿＿＿　　日期＿＿＿＿

	等级		等级量规		等级		等级量规	等级认定	主考签名
男生	优秀	A+	9.0 以上	女生	优秀	A+	7.0 以上		
	好	A	8.0-8.9		好	A	6.0-6.9		
	良好	A-	7.0-7.9		良好	A-	5.0-5.9		
	及格	B	6.0-6.9		及格	B	4.0-4.9		
	较差	C	6.0 米以下		较差	C	4.0 以下		

3. 耐力项目

男生 1000 米、女生 800 米跑单项评分表（单位：分·秒）

班级＿＿＿＿　　姓名＿＿＿＿　　学号＿＿＿＿　　日期＿＿＿＿

	等级		等级量规		等级		等级量规	等级认定	主考签名
男生	优秀	A+	≤3 分 48 秒	女生	优秀	A+	≤3 分 55 秒		
	好	A	3 分 48 秒—4 分		好	A	3 分 55 秒—4 分 08 秒		
	良好	A-	4 分—4 分 28 秒		良好	A-	4 分 08 秒—4 分 40 秒		
	及格	B	4 分 28 秒—4 分 50 秒		及格	B	4 分 40 秒—5 分 05 秒		
	较差	C	≥4 分 50 秒		较差	C	≥5 分 05 秒		

男生女生坐位体前屈单项评分表（单位：厘米）								
班级_____ 姓名_____ 学号_____ 日期_____								
	等级		等级量规		等级		等级量规	等级认定	主考签名
男生	优秀	A+	≥15.8	女生	优秀	A+	≥19.3		
	好	A	11.6-15.7		好	A	15.9-19.2		
	良好	A-	5.1-11.5		良好	A-	9.4-15.8		
	及格	B	-1.4-5.0		及格	B	2.9—9.3		
	较差	C	≤-1.5		较差	C	≤2.8		

第三章　析理：我专业成长的归因

从我的专业成长历程及其特征可以看出，乡村体育教师的专业成长是多种因素相互作用的结果。理论上，这些因素是有规律可循的。通过对自己的故事刨根问底，我可以清晰地梳理出自己从普通乡村体育教师成长为体育特级教师的主要因素。基于对各种原始资料的梳理，我深入挖掘出影响自身专业成长的四个关键因素：个人梦想、政策倾斜、他人帮助、组织支持。

第一节　个人梦想：我寻梦、筑梦、圆梦的历程

（一）寻梦期：在艰苦磨炼中成长

我是追求个性的体育教师，无论是中学求学，还是师范读书，我一直有一个梦想，就是通过努力，让自己优秀起来。我不怕吃苦，不怕流汗，几十年一直在寻梦的路上。无论是先天条件不佳，家庭经济拮据，还是工作中遇到各种困难，我一直在克服困难、努力学习的路上。因为我相信，皇天不负有心人。正因为不断"充电"，我迅速适应了课堂教学生活，凭借自己的不断努力，向梦而行。

刚刚开始工作，学校的体育课均由我个人教授，我还要负责各种体育活动的准备、组织、评选、颁奖等工作。针对各项体育比赛，我要负责训练和参赛；每年体育考试，我要负责课内外练习，等他们训练得有模有样了，再去参加比赛。2020 年以来，学校分配了几位年轻教师，他们也负责一些与体育相关的具体工作。如今，我们一起在体育教育的路上探索。教学是教与学的有机结合，两者精彩才是真正的精彩。

（二）圆梦期：在科研中继续成长

在过去五年里，得益于专家的精准指导和孙隆校长的正确领导，我们学校才发生了翻天覆地的变化。我们一起探索思维澄清课堂教学模式、校对书刊、开展半天无课日教研、制定三统方案并进行校对，可以说，每一件教研活动都了不起，都取得了突出的业绩。虽然称之为圆梦，但我的心目中，梦永远在路上。

我既要脚踏实地，也要仰望天空。展望未来，我承诺：带领乡村孩子，在体育课堂中，与大家一道，跟秋风一起，向梦而行……

第二节 政策倾斜：我获得了更多的培训机会

2011年，我被评为聊城市优秀教师。2014年，我获得山东省优秀教师称号，寻找当年教师节表彰的文件，剪取一部分内容在此分享。

评选推荐要坚持向基层和教学一线教师倾斜，尤其要向条件艰苦的农村地区、少数民族地区教师倾斜，向中等职业学校教师倾斜，向中小学班主任、高校辅导员等德育工作者倾斜。县镇以下（不含县镇）的乡村中小学教师应占本地区推荐总名额的35%以上（京津沪占本地区推荐总名额的15%左右），义务教育学校教师应占本地区推荐总名额的50%以上，中等职业学校教师应占本地区推荐总名额的8%以上。

优秀教师的推荐人选，必须从事一线教学工作并承担一定教学工作量。高等学校教授、副教授参评，必须完成学校规定的本、专科教学工作量；高等职业学校重点推荐设计和实践"做中教"教学理念的骨干带头教师。城镇中小学教师有在农村学校任教经历的，在同等条件下优先推荐。

对比上述条件时，我发现文件中的五条关键要求我都已达到。再加上我当时拥有聊城市优秀教师、聊城市优秀班主任的荣誉，以及在刊物上发表文章和市级课题研究的经验等有利条件，我最终如愿被评为省级优秀教师。但我深知，这份荣誉并非仅仅是对我个人能力的肯定，更重要的是，它为我赢得了更多参与专业培训与提升的机会。比如，我在2019年参加了齐鲁名师建设人选为期三年的培训活动，后来参与负责聊城市水城名师体育领航工作室工作，再后来，在2021年开始主持特级教师聊城工作坊工作。每项工作，都是在锻炼我的工作能力及教研能力，如果没有省级称号，我就没有参与的机会。所以，在获得称号的同时，也意味着我有了更多的责任和更多继续学习的机会，这就是权利和义务并存。

第三节　他人帮助：我教师专业成长的关键

（一）家庭支持，是我参与活动的基础

1. 父母永远的支持

记忆中，从小到大，在我上学的问题上，父母总是全力支持。即使让我从劳动和学习二者中选择其一，当我选择学习时，他们也没有责怪我，而是永远支持我。父亲当过许多年的小学民办教师，所以，教师一直是我向往的职业；母亲任劳任怨，操持家务，在田间劳累耕作，他们都是我学习和生活的榜样。记得有段时间，家庭遇到困难，父母依然义无反顾坚持让我读书，直到师范毕业。他们绝对是最合格的父母，在我的求学和工作中，他们在物质和精神上给予我的支持从没改变。

2. 爱人默默地陪伴

工作这些年来，我与爱人在同一所学校进行教育教学、班级管理，很多时候，我们是合作关系，可以互相帮助。我无论是外出参加教学能手评选，还是参评特级教师，爱人永远是我家庭和工作中最有力的后盾。几十年教育生涯，我参加过数次比赛、评选活动，每一次她都见证了我成长的历程。对于我来说，没有爱人的支持，我的许多事情是做不成的，做不好的。

（二）师恩似海，我学有所成的基石

1. 康玉玲老师——信任的目光

那一年，我走进了初一 4 班，认识了康老师，从此，我的人生翻开了新的一页。我一直在想，如果我的求学路上，没有康老师会怎么样？我真的不敢去想。在求学的低谷，我走进康老师的班级，她与我谈话，

让我担任班干部，给我锻炼的机会，让我点燃自己的人生之路。但现实却是那么残酷，我们在一起只有一年时间，她就早早离开了我们！但康老师却让我明白，英语还能那么教，她的教法一直影响着我。她对我的信任和激励，为我工作后管理学校卫生工作奠定了基础。她让我认识到，尊重和责任在每位学生心里是多么的重要。如今几十年过去了，康老师的形象在我心中依旧那么伟大，让我很多时候想起她，怀念她。

2. 靳祖灵老师——深邃的目光

在初中生活中，靳老师给我留下了不可磨灭的印象。他有一个与众不同的人生经历：在年龄稍大时从教。他面对困难时的坚强意志永远值得我去学习，他对我的严格要求，我没有忘记。在毕业之际，靳老师把那面象征着班级荣誉的卫生流动红旗交给我保存，直到现在。这份信任，我不知用什么语言表达。时间过去很多年，靳老师也已逝去，但他的音容笑貌还时常出现在我的脑海中。什么是教育？教育就是当一切都成为过去，但恩师对自己的爱却依旧存在。

3. 刘在志老师——每日的陪伴

刘在志老师是我体育训练的教练。每天早晨，他总会按时来我们体育生宿舍，提醒我们起床、晨练，每天如此。我们在土质的田径场上进行热身跑，他总在与我们相反的方向慢跑，不时提醒某一位成员怎么做！就是因为有刘老师，临清二中的体育训练成绩才一如既往地好。在那个考学异常惨烈的时代，我们学校的体育成绩异常突出，这里包含着刘老师每天的陪伴，他带着我们去参加体育考试，带着我们参加文化课考试，当时的场景还历历在目。所以，我的体育工作中，不时闪现出刘老师工作的痕迹，这就是体育的传承。在临清这片土地上，在他所教授过的学生身上都会放射出他认真工作、坚持陪伴的影子，我想以此文来纪念我尊敬的刘在志老师。

（三）导师引领：我教育路上成长的指向标

1. 郑立平老师——我教育生涯中的贵人

是因为有了郑立平老师所创立的心语团队，我才有幸与他相遇，让他的思想走进了我的世界。我感谢博客，感谢书籍，感谢电话，感谢微信，感谢短信，因为有如此多的方式，才让我感受到郑老师对我的关注与关心。

在我人生迷茫之时，郑老师在博客留言，让我去参加心语团队的活动，在那里和团队一起，一路同行。

感谢书籍，让我们第一次见面就促膝而谈，他把自己的著作《把班级还给学生》签名后送给我，我收到了人生第一本著者本人签名的纸质书，书中的"八五规划"（本节后附），时时在激励着我，同时，我也在思考：我的40年教育人生要开出怎样的花？

感谢电话，当我的第一篇小文发表之时，郑老师直接打来电话告诉我这个消息，他用最直接、最快捷的方式，让我最快感受到文章发表的喜悦。

2023年12月31日，我从青岛归来后，他每天都回复我的日记，有鲜花也有爱心。

结识15年来，他用各种方式鼓励着我，这体现了一位教育智者的情怀，走在班级管理路上的先生对愚钝的我毫无保留地支持，郑老师就是我心中的贵人，是我教育路上的引路人。

2. 杨秀治老师——我不断成长的见证人

2023年暑假，教体局组织免费师范生进行培训学习，给了两个培训名额，安排学校老师培训时，遇到了一些困难，喜欢培训的我主动请缨，在孔繁森精神教育基地，我成为免费师范生中年龄最大的学员。就在培训的最后一个上午，我主动加了杨老师的联系方式，开启了我们师生的第一次对话。随后，我先经历了21天的考验，又经历了35天的考验，杨老师才邀请我入群参加活动。有一次，我记得与杨老师交流课题题目，她没有立刻告诉我修改后的题目答案，而是一步一步引导我向她预期的题目靠近，最终达到了既定目标。我深深感受到，只有亲身体验，才会印象深刻。她邀请专家，为我们讲解 AI 操作流程，提前体验利用 AI 的便利，这也让我们看到 AI 是如何为我们工作和生活提供服务的。前段时间，她来到聊城大学进行教研活动，让我列席参与学习，给了我一次又一次的学习机会，在成长的路上我又一次得到提高。

我们师生结识纯属意外，结识时间短暂，但老师的关爱我铭记在心，时时感受老师那真诚的、率真的爱护之情。在教育的路上，我变得更加有力，更加自信。

郑立平教育人生的"八五规划"

发展规划	阶段特征	事业追求	主要任务
第一个五年规划	模仿与创新阶段	定位	正确认识自我，确立职业方向
第二个五年规划	创新与徘徊阶段	立足	扎根教育教学，获得环境认可
第三个五年规划	徘徊与突破阶段	出色	注重创新开拓，拿出优异成绩
第四个五年规划	突破与成熟阶段	成功	提升专业能力，自信面对工作
第五个五年规划	成熟与升华阶段	拓展	丰富教学艺术，寻求理论创新
第六个五年规划	升华与充实阶段	收获	提炼成长经验，形成教育思想
第七个五年规划	充实与超越阶段	新生	快乐读书学习，坚守教育梦想
第八个五年规划	超越与沉醉阶段	完美	享受精神富有，追求幸福人生

第四节 组织支持：我成长的平台

（一）加入心语团队：我专业成长的拐点

2010年末，加入心语团队，我参加的几个团队活动，对我的影响很大，包括参与话题讨论，参与《心语月刊》校对组，参与骨干成员分享活动。

1. 参与刊物提供的话题讨论

从周村回到烟店后，我申请了个新QQ号，网名曰"爱在教育"。我参与团队的第一类活动就是刊物提供的话题讨论。因为自己是班主任，有关班干部轮换方面的话题，我提前准备，按时参加，积极参与，效果甚佳。而且我的文字还被团队推荐发表在《班主任之友》（中学版）刊物上，我的文字第一次变成了铅字，我参与的积极性更强了。2012年，我在《师道》上发表了文章《缘定心语，诗化人生》。当时，我的成就感、获得感更强了。

2. 参与《心语月刊》校对组

随着加入心语团队的时间越来越长，我被安排做《心语月刊》校对工作。写作是我的软肋，我在处理文字方面不在行，但我还是接受了这项具有挑战性的任务，与其他成员一起参与《心语月刊》校对，经过了一段时间的锻炼，我由生手成为熟手，后来就快成行家了。我也在不断"提干"，由成员变身为校对组组长，再后来，我成为月刊的两大主编之一，同建英老师一起负责月刊编审工作。我认识到拥有更大的平台才能拥有更强的能力，只有在挑战中才会提高、强大，这是我在参与心语团队时收获的最大启示。

3. 参与骨干成员分享活动

我不擅长在公共场合讲话，其实是没有强大的自信，但郑老师和心语团队一直在激励着我，给我锻炼的机会，让我一次次向优秀靠近。记得2014年，在青州组织心语团队活动，我被通知要进行展示，我没有推辞，就立刻准备讲话稿，即使在前往青州车站的路上，我都稿不离手，嘴不离言，加班加点，利用所有可以锻炼的时间和机会进行练习。在青州活动现场，我完整地发表了自己的演讲，获得了在场心语家人的掌声。公众场合讲话一直是让我胆战心惊、大汗淋漓的事情，如今，我有了一个较大的进步。总结经验就是：竭尽全力，认真准备，不达目的，誓不罢休。

（二）参与教改：我专业成长的平台

1. 带头参与各项教研活动

2019年，由于学校管理干部调整，我开始负责学校的教师培训工作，成为学校教师发展中心的主任。在参加各项培训时，我带头主动完成培训任务。只有这样，才能起到模范带头作用，才有利于学校教学教改工作的展开。

2. 组织半天无课日教研活动

2019年暑假，我参加齐鲁名师建设人选培训时，结识了东平实验中学殷复科校长。校委会商议后，我们决定前往东平实地调研，引进半天无课日教研活动。尤其是2024年上半年，我校才真正落实完善半天无课日活动。因为在这个阶段，学校已经开始真正落实思维澄清课堂模式，需要让更多的教师走进思维澄清课堂，真正运用这种模式。所以，在这一过程中，半天无课日教研活动终于体现了它的价值。我们开始尝试让授课者的同学科教师出题，在本节公开课结束之后，立刻发下试卷进行测试，现场批阅，统计分数，当场公示授课效果，考证思维澄清模式的效果，这一活动被称为验课。同时，对于每位听课教师来说，把自己的听课反思上交学科主任，进行汇总，我们称之为思课。这样，在原来的半天无课日基础上，我们创造性地形成了我校独具特色的半天无课日六环教研活动，即定课、磨课、观课、验课、评课、思课。

3. 组织教师进行著作校对

2024 年春天，我和老师们一起参与《思维澄清课堂》书稿和样书校对，我们对该书进行校对时，参与人员大体分成三轮来操作，上午 8:10—10:10 为第一段，为第一次书稿校对，用红笔修改，标注不合适地方（句法不通顺、文字不合适、标点错误），并旁批改正结果，注明校对人姓名；10:30—12:30 为第二段，为第二次校对，用蓝色笔，要求同第一次一样，可以在原修改处再次校对，也可寻找到新的错误点，每组有一位负责人和一名组长，按时保质保量完成任务。我们希望各校对小组，认真对待，特殊时间特殊任务，多校对出错误，少留下遗憾！英语模式校对小组，要结合有关模式再度修改版本，切实提高质量。14:00—17:00 为第三次电子版文字校对。第三轮书稿校对时，就顺利了许多，大家已经轻车熟路了，后来还进行了样书的几次校对，大家也可以轻松完成。通过连续校对，包括我在内，全体参与人员编辑文字的水平得到提高，极大地提升了参与人员的综合能力。

4. 闭环式三统方案操作

三统方案，是教学管理中的重要环节之一，我们成立三统方案工作坊，在各学科主任带领下，各学科设计本学期学科教案、学案的方案，从各学科中选择最适合的方案模板，在备课组长的具体领导下，各年级各学科对下一学期的备课任务进行分工，利用 N 天时间，首先通过集体讨论确定每节课基本思路，接着进行个人备课活动，最后经由集体讨论，完成定稿。在 2024 年秋季即将开学前，全校 100 余人，对教案、课件及学案再一次进行校对。这样大的校对工程，人少时短是不可能完成的。若要求短时间内完成，一则参与人员要多，二则要不同的人员校对更好，三则还要有熟悉本教材内容和设计的人才行，最终决定，三统第一环先由设计者本人进行校对，然后，由备课组长安排本年级本学科教师互相交换校对，这样，我们利用一天的时间，加班加点终于完成了任务量巨大的校对工程。2024年9月6日，当我看到一本本印制美观、内容精良的教案本时，我特别欣慰，我们的愿望实现了。

在学校搭建的平台上，我主动参与学校教研，积极跟进，和同事们一起取得了丰硕的成果。我们在教学准备上，制作了统一的教案、课件和学案；在半天无课日，我们的教研活动有章可循，顺顺利利；通过著作校对，我们处理文字的水平得到提高，我们首次拥有了自己的著作；在烟店镇中学的历史上，我们有了自己的思维澄清教学模式，这是我们许多教师从来没有过的成果，这是一件多么值得自豪的事情。

第四章　反思：我专业成长的启示

第一节　乡村体育教师的使命与责任

乡村体育教师在推动我国乡村教育发展、促进学生全面发展、推动乡村振兴等方面发挥着自身不可替代的作用，我们的教育使命与责任是乡村教育中不可或缺的一部分，对于乡村学生的健康成长和乡村社会的不断进步，有着举足轻重的作用和价值。

（一）培养健康的人才观

《义务教育体育与健康课程标准（2022版）》课程理念指出：坚持健康第一，落实教会、勤练、常赛，关注学生个体差异等课程理念。乡村体育教师新时代的首要使命就是要培养具备健康体魄和良好体育素养的学生。我们应通过体育课程和活动，教育引导学生逐步掌握基本的运动技能，提高身体素质，培养积极向上的生活态度。

作为乡村体育教师，我带领水城名师体育工作室全体成员主动学习《义务教育体育与健康课程标准》（2022年版），"吃透"课程标准精神，理念上的问题得到解决，体育教学、体育训练及体育比赛中的方向才会正确，行动才有意义，效果才会明显，否则，就会本末倒置，事倍功半。

崔建斌水城名师体育领航工作室学习会议记录

会议时间	2023 年 7 月 2 日	参加人员	崔建斌、郭文群、张香刚、王孝国、张福祥
主持人	张香刚	会议主题	学习研讨 2022 版《体育与健康课程标准》体操类运动

会议内容

一周一次的水城名师领航工作室——崔建斌工作室网上教研活动如期开展，今天研讨的内容是《体育与健康课程标准》（2022 年版）体操类运动。

张香刚：按照工作室计划及安排，本周共同学习了《体育与健康课程标准》（2022 版）体操部分。本部分内容从定义、育人价值、各水平达到的核心素养目标、教学建议等几方面进行了介绍，内容共有 12 页，阅读内容后，没能精准把握课程的相关标准，后来找到课程标准解读的视频进行了观看。

通过观看视频，从中获得了一些信息。在义务教育阶段，分为水平一（一至二年级）、水平二（三至四年级）、水平三（五至六年级）、水平四（七、八、九年级）。内容的安排也有了一定的变化，一、二年级完成学习基本运动动作的任务，三到六年级每学期要从六类运动中选择两项运动项目进行教学，并且这两项运动不能为同一类运动。初中每学期要选择一个项目进行大单元教学。

这就要求学校制订长期计划，计划内容应包括一到六年级每学期要学习的运动项目。根据学校长期计划制订每学期的教学计划，进一步对本学期要学的两个项目进行细化，计划中包括每个项目的课时、每个课时的内容，要体现学、练、赛在课堂中所用时间。根据学期计划进行大单元教学学习设计，对学习的项目更加细化，设计出如何完成本项目的教学，把教学内容具体到每节课，设计如何去评价是否达到了各水平要求的核心素养目标。

郭文群：通过今天学习有以下几点体会：

1. 体操类运动有着特殊的育人功能与价值，培养学生自立自强、勇敢坚毅、不怕挫折等品质。它大体分为两大类项目，一是技巧与器械体操，特点是身体需要做出一系列动作；另一类是艺术性体操，特点是动作明快，刚劲有力，动作优美，气氛欢快。

2. 现实教学中，除平垫上的几个跪跳起、前滚翻、肩肘倒立，其他动作很少进行教学。

3. 体操类运动有着特殊的要求与注意事项。一是需要保护与帮助，在平常教学中一定要加强保护与帮助的教学，要做到合理、规范、科学。二是安全问题，体操类好多项目由于在器械上进行一系列动作，或空中进行动作变换，易出现安全事故，一定注意加强安全事故的防范。

张福祥：通过学习 2022 版体育与健康新课标体操类的内容，我结合自己上课的实际情况，有两点体会：第一平时体操类教学内容偏少，只是做了一些队形队列和一些韵律操的练习，其他体操类项目进行得偏少，原因是多方面的，但主要原因是安全性和练习的难度，这两方面学生感到有些困难，容易发生安全事故，是造成这些项目练习较少的原因；第二要客观地对待有危险性的体操类项目，我们不能因为某些体操类的项目有风险不去做该项目，我们要兼顾体操类运动项目的锻炼属性和安全性，将两者有机地结合。

在今后的教学中，我要尽力在加强安全保护的前提下，多练习一些体操类项目，依据 2022 版课标要求，进一步将体操训练做好、做扎实。

崔建斌：按计划，工作室成员共同学习《义务教育课程标准》课程内容专项运动技能中的体操类项目，这部分内容，从定义、分类和价值进行了总述，再从六个方面进行学习。对于器械类的教学运用，有难度，比如单杠、双杠、山羊、跳箱等项目，一要考虑对体育教师技术和力量的要求，还要考虑学生安全问题。我们的想法，就是在以后教学中，可以在对学生帮助与保护到位的基础上，适量安排，从不同项目练习，达到其锻炼价值，不能因噎废食，从不开展。

在教学中，对于技巧运动、队列队形和韵律操等项目，开展并不少，只是认为这些不是真正意义上的体操项目。

通过学习，大家对体操类项目有了一定认识，但依然需要加强理论学习，提高认识。提前进行充分练习与准备，强化课堂教学环节，逐步且最大限度地推进体操类教学内容，旨在充分实现体育在育人方面的多元化价值！

会议照片	

反思：这仅仅是工作室成员一次学习的记录，通过我们系统学习 2022 版课程标准，大家对新课标有了一个新的认识，大家在平时的教学中，无论是备课、上课，还是训练，都会不由自主去考虑课标的要求。只有理念改变了，我们的方向才会正确，才会少走弯路。方向反了，做什么都是背道而驰，无从谈起。

（二）选拔培养后备体育人才

乡村体育教师要具备发现和培养体育后备人才的眼光和能力。在日常体育教学中，要关注学生的体育特长和潜能，为有潜力的学生进行有针对性的指导和训练，为国家培养优秀的体育后备人才。

欣怡，老师为你加油

——欣怡的篮球成长之路

欣怡，我们学校一名普通的初中学生，从初一入学，我就在众多孩子中"认识"了她，与另一位同学，在校园里疯跑，非常调皮，我总是想要给她一个出口，让她的热情有所释放。刚开始，我并没有教她课，只是看到她就给她聊两句，劝她好好学习呀，参加锻炼呀，有时候，还让她与我一起看篮球比赛。有一天，她告诉我："老师，我想打篮球！"我接受了，只是没太在意，毕竟一个孩子说一句话，不能太当真。但我发现，课余时间和体育课上，篮球场上有了她参与的身影。我就开始专注她的行为，有时候，我会主动给她示范一下投篮动作。

因为自小她热情奔放，性格外向，与同学关系融洽，因为有了对篮球的兴趣，篮球队训练场地就有了她的身影。个子不高，但很投入，投球还不准确，但很善于合作，在许多篮球活动中，她很擅长把篮球分给队友，成为一个助攻者。因为个性强，在活动中，全力以赴奔跑、拼抢，得到队友的赞誉。很快，她自己就买了属于自己的篮球，无论是在家里，还是在学校，练球、打比赛成为常态。她逐渐展现出对篮球的浓厚兴趣和天赋，经常模仿电视上的篮球明星动作，练习投篮和运球。观看篮球比赛，无论是NBA，还是CBA，她都不放过，乐在其中，也许这就是篮球运动的魅力。她每天放学后都会和队友们一起练习，从基础动作到战术配合，她都认真对待，从不偷懒。在多次校内比赛中，欣怡逐渐崭露头角，成为校球队的候补队员。第一次参加全市女子篮球赛，在防守不利的情况下，她被临时补场，发挥得很突出，起到了防守的作用。她虽然初次参赛有些紧张，但她凭借出色的发挥帮助球队取得了优异的成绩，获得全队的认可。

因为初二参加过较为大型的篮球比赛，到初三，欣怡就不容置疑成为校队的主力队员，她主动承担了球队组织后卫的角色，在她在校的最后一届篮球比赛中，大家也是全力以赴，竭尽全力。

欣怡说："在这次比赛中，我明白了很多，也知道了很多。通过打篮球，我很开心，我也想让我们队友开心与快乐，这就是一种热爱。虽然我们这次篮球成绩没有赢，下次我们一定拿出一个更好的样子出来；虽然这次没有赢，我们一定不会气馁，而是要通过这次比赛，总结经验和教训，继续加油！这次比赛的教训，让我们知道什么是配合，为什么要配合？老师，您辛苦了！"

之所以这么说，是因为全市十几个队，不仅仅是农村队，还有城里篮球队，城乡差别比较大，我们只是在乡村训练，水平有限，而放到一起比赛，我们处于劣势，但孩子们目前这种比赛风格，已经很不错了，还获奖了，其实已经很不错了。

欣怡学业成绩中游，因为喜欢篮球，度过了充实而丰富的初中生活。毕业后，她到职业学校去就读，还成为该校校队的主力，发挥着重要作用。我们一次周末赛前训练，询问她能否到校助战，带带球队，她二话没说来到学校协助，体现了她对篮球、对自己母校的热爱之情

2022版课程标准强调，每位学生要学到1～2项体育技能，欣怡就是一个非常典型的例子，因为热爱，因为喜欢，因为坚持，她在普通的初中生活中，完成了学业，走进了更高一级学校就读，充实了自己的学习生活，从而带给自己很多的快乐！我为她而高兴！

（三）传递正确的价值观

乡村体育教师要向学生传递正确的体育价值观和道德观，培养学生尊重规则、公平竞争、团结协作等品质，促进学生的全面发展。我们不仅仅是组织每学期的运动会，还要组织各种体育活动，把"教会、勤练、常赛"落到实处，培养他们正确的人生观、价值观，让他们成为国家需要的体育后备人才。

我就是要参加 4×100 米跑决赛！

2019 年暑假，我从前的学生二元专门告诉我，他的表弟宁宁也想到烟店镇中学来上学，还要到我的班级，说真的，这两项要求都有点高。通过努力，我们做到了。入班时，他个子中等，没有什么特别，很健康，还有点儿强壮。

认识宁宁最好是在每节体育课上进行比赛时，比如测短跑、测跳远、玩游戏，宁宁跑得快，跳得远，表现出集速度、弹跳和表现欲于一身的男性特征。在学习方面，宁宁成绩一般，还不属于有上进心和自律较强的学生，我认为他还没有找到发自内心的动力，还没有人生目标。

机会终于来了。2021 年第一学期，我们召开了秋季田径运动会，他报名参加了 100 米跑，同时也有 4×100 接力跑项目，因为准备活动没做充分，发力又太猛，他拉伤了！我作为班主任，同学们向我报告了这件事，我们一起做他的工作，因为拉伤，项目暂时不参加了。他那个倔脾气上来了，又哭又闹，就是要参加，我因为指挥接力赛走开了，同学们也没劝说住他，他还是参加了剩余的 100 米决赛和接力两项比赛。运动会结束后，我专门告诉他：拉伤了，还去比赛，很容易让伤势更加严重，甚至会造成终生伤害，别说你再参加比赛，甚至连专业训练和考试也不能参加了，那种损失是残酷的。这时的他不仅嘴上说改了，并且在学习态度上也有了积极的转变。

但相同的事情又发生了，一次数学课，他因为在老师讲题过程中，与同桌小声交流问题，老师就批评了他。他不干了，最终被领到办公室。我让他去向老师道歉，他依然感觉自己没错，我行我素。晚自习第二节后，作为住校生，他在没有请假的情况下，私自跑回家，最后和家长联系才知道他已经到家了，但依旧没有道歉的想法，宅在家中不吃不喝光睡觉，就是不想改错，和运动会那种做法一样，自己想做的就去做，即使错了，也不想改正。家人受不了了，就给老师打来电话求情，我没有答应。后来我与家长达成共识，一定要杀杀他的犟脾气，让他自我改正，否则，以后会吃大亏！再后来，他主动和我联系，到校和老师和解，这是后话。

经过运动会和课堂事件，宁宁在九年级逐渐进入中考状态，开始刻苦学习，体育课与课余时间与同学一起训练，他要考高中，因为是潘庄户口，所以报考了临清市第三高级中学的体育特长生。他边训练，边学习。在中考结束后，马上进行了体育考试，因为素质较好，加上平时训练，体育过关了，给他加上了体育特长分100分，这下，他的中考体育梦可以实现了！我为他高兴。

如今，他走进临清三中的大门已经两年了，其间，他在学校放假时，曾回母校训练过，也曾走进教室向学弟学妹们讲述自己参加专业训练的故事，从他的谈吐和表情中可以看出，他非常快乐和自信。中考与高考期间，他放假，专门告诉我，他的铅球成绩不理想，想提高一下。我就联系了一位教练，计划在假期进行加强训练，使铅球成绩有所提升。虽然这事后来没有实现，但他已经知道自己哪里需要提高，这就很好了。

反思：认识宁宁，已经五年时间。通过观察，我感受到每位学生都需要一个关键事件，来促成自我的蜕变。通过关键事件，认识自我，发现自己的优势，增强自信，从而更好地规划自己的发展方向。如果宁宁不来烟店镇中学，没有进入我们这个班级，不参加这次运动会，没有课堂事件发生，会怎样呢？我们都不知道，因为人生没有假设。好在，宁宁通过几年的成长和体育训练，知道了自己该怎么办，没有了昔日的冲动，与人交往温和了许多，训练中基本能够按照教练的要求去做，知道学习，知道训练，全面发展，懂得了体育比赛的规则，这是作为老师和家长值得高兴的事情。

作为乡村体育教师，发现人才，坚持训练，培养成才，这是一项利国利民的任务，很多体育教师兢兢业业在做着这件伟大的事情，为国家、社会、学校及家庭在做着贡献，特别是对于学生本人更为重要，因为我们的发现和努力，为孩子一生提供了成长和施展才华的机会，是一个功在千秋、利人利己的行为，我们要努力做好这件事。

（四）主动参与教科研工作

新时代乡村体育教师要积极参与体育科学研究，探索体育教学的新方法、新手段，为提升体育教学质量提供科学依据。我们学习课程标准，进行集体备课，统一技术要求，共读体育书籍，都是实际意义上的教科研活动。我把每次参加的活动，不仅仅是单纯地记录下来，还要总结、梳理、反思，真正实现提高。叶澜教授曾指出："一个教师写一辈子教案不可能成为名师，如果一个教师写三年教学反思，就有可能成为名师。"可见，教学反思的写作是提高教师素质的重要途径。不仅仅是课堂反思，乡村体育教师从事的各项体育教学、训练、读书、比赛等对各项活动进行的反思，都是开展教科研活动的一部分，有了这些成果，就会给我们的体育教研注入生机与活力。以下是我校召开体育教师会议，研究体育教学模式的文章。

建立体育教学模式的必要性

今天中午，我们召开了全体体育教师会议，一个重要的议题就是确定体育教学课堂模式。20多年前，去学习杜郎口中学模式；前段时间去冠县斜店乡中学，在宣传栏见到该校的课堂模式；我们还学习过洋思模式，在书上学习高效课堂模式。一路走来，什么样的模式才适合我们自己呢？

首先，我认为体育课堂模式虽是一种外在形式，但其存在至关重要，尤其是对于年轻的新入职教师而言。他们更需要一种清晰的模式来指导自己，将一节课合理地划分为几个环节，确保课程有始有终、顺利推进。由此可见，形式在体育教学中扮演着不可或缺的角色，它凸显了体育模式存在的必要性与重要性。

其次，体育课堂模式要从学情出发。如果仅仅为了模式而创造模式，忽略学情，只是把一节课人为地分为几部分，只考虑每部分各用多长时间，这是机械的、呆板的，不值得提倡。即便是同一位教师所执教的两个班级，也会各自呈现出独特的状况与特点。因此，在教学过程中，我们必须坚持具体问题具体分析的原则，针对每个班级的实际情况细致地进行分析与应对。

最后，体育模式要达到提高效率、提高能力的目的。之所以要创建一种体育教学模式，目的就是让这种模式为教学服务，发挥学生的潜能，让学生多观察、多思考、多练习、多展示、多比赛，眼、脑、身体并用，提高知识和掌握技能，达到增进健康、增强体质的目的。

总之，我们想创建一个适合我校校情、符合学情的体育教学模式，在它的作用下，体育教师更愿教，学生更愿学、练、赛，最终达到师生同心、教学相长的效果。

（五）组织课堂教学活动

乡村体育教师要精心设计和组织各类体育课堂教学活动，确保教学内容的丰富性和趣味性，激发学生的学习兴趣和参与热情。在体育教学中，我最喜欢加入游戏内容，无论是什么教学内容，加入了游戏环节，学生的兴趣点马上被点燃，不仅仅学生喜欢，课堂上也充满笑声与掌声。

体育游戏是给初中体育课堂带来快乐的重要途径之一，游戏作为体育课教学的一种方式，能够让学生累并快乐着，就是游戏最重要的作用。通过体育游戏，同学们在轻松愉快的氛围中锻炼身体，激发兴趣，增强体质，加快速度，促进团队合作，培养班级凝聚力，让体育课堂不再是单调乏味的课堂，而是一种快乐的体验。采用适当的体育游戏，不仅能激发学生的学习兴趣，还能有效地提高他们的学习积极性，形成健康的生活学习方式。体育游戏增强了学生的体质，他们在快乐中玩耍锻炼，他们不仅不知不觉地参与到体育锻炼中，还增强了肌肉力量，提高了心肺功能，促进了身体各种器官的协调性，从而增强了体质。

在体育游戏中，学生们尽情地奔跑、跳跃、投接、应变等，锻炼身体的各个部位，增强了身体的灵活性和协调性。通过不同形式的体育游戏，让学生在游戏中体验到相互合作、相互信任的快乐，增强学生的合作意识和团队精神，可以说体育游戏是增强初中体育趣味的重要途径，值得我们不断探索新的游戏，不断去实践，让我们的体育教学充满快乐，提质增效。

反思：通过渗入体育游戏的体育课教学，有效地提高学生的积极性，建立正确的健康价值观，形成健康的生活方式，有助于他们养成积极锻炼的习惯。

（六）关心学生健康成长

当今社会，学生身心健康问题越来越受到人们的普遍关注，这不仅可以提高学生的学习成绩，还可以培养他们健康成长、幸福生活的能力。作为乡村体育教师，我们有责任、有义务关心和保护学生的身心健康，因为教育不仅仅要传授知识，更要关注学生的身心健康发展，关心学生健康成长，这是每一位教育工作者义不容辞的责任。

1. 关注学生的心理健康，营造温馨的育人环境

初中阶段是学生心理发展的关键阶段，他们的情绪容易波动，易受外界环境影响。传统的健康观是"无病即健康"，现代人的健康观是整体健康，世界卫生组织提出"健康不仅是躯体没有疾病，还要具备心理健康、社会适应良好和有道德"。因此，现代人的健康内容包括躯体健康、心理健康、心灵健康、社会健康、智力健康、道德健康、环境健康等内容。乡村体育教师应该特别关注学生的心理健康，建立心理健康教育体系，体育课堂定期开展心理健康活动，帮助学生正确面对和解决各种压力和情绪。同时，不断营造一个温馨、包容、和谐的课堂氛围，让学生感受到来自体育教师和同学们的关爱与支持，最大限度减少心理问题的发生。

2. 加强学生身心健康教育，协调好与学生相关的关系

①开设健康教育课程。通过开展本课程，教育学生形成正确的健康观和行为习惯。让学生了解均衡饮食的重要性，根据膳食营养宝塔要求，教育学生养成良好的饮食习惯，养成全面营养饮食，不厌食、不偏食，不吃垃圾食品；手机使用要合理，保持良好的作息时间，早睡早起等习惯。

②培养学生良好的社交能力。乡村体育教师组织各种社团活动、课外兴趣社团等，给学生创造更多机会结交新朋友，提高他们的人际交往能力。

③学校助力家庭教育。学校定期召开家长会及心理辅导活动，学校

与学生家长密切配合，让家长给予孩子温馨的家庭环境和关爱，共同关心孩子的身心健康。

3. 关注个体差异，实施因材施教

每个学生都是独一无二的个体，他们具有不同的性格、爱好、兴趣和需求。因此，在关心学生健康成长中，每位学生的体质、家庭、性格都有所不同，乡村体育教师要特别关注个体差异，将因材施教落实到课堂教学中。通过了解学生的差异需求，为他们提供个性化的指导与帮助，促进他们的全面发展，快速发展。

总之，学生身心健康问题是一个长期而艰巨的任务，它需要家、校、社共同关注和努力，它需要我们乡村体育教师关注学生的身心健康，及时发现并处理学生在体育锻炼过程中出现的问题。同时，我们也要与学生建立良好的师生关系，为学生提供必要的心理支持和帮助，向学生普及体育知识、运动技能和健康的生活方式，提高学生的健康素养和自我保健能力。只有当我们真正关注到每位学生的身心健康、营养膳食以及个体差异时，我们才能为他们创造一个更加美好的成长环境，培养出更多健康快乐、有责任担当的人才。

第二节　乡村体育教师的教育人生规划

作为一名乡村体育教师，个人的成长规划对于职业发展和个人成长非常重要，只有自己想要做、马上做、坚持做，才会不断提高，实现自己的目标。我由一名普通的体育教师成长为有一定影响力的体育特级教师，我个人成长规划包括：自我分析、目标设定、专业发展、技能提升、健康管理和时间管理等内容。

（一）自我分析

专业知识：我具备较为扎实的体育学科基础，能够熟练掌握体育与健康教材内容和 2022 版课程标准。然而，在知识的广度和理论深度上仍有提升空间，尤其是在大单元和跨学科整合方面还需要继续学习。

教学方法：我注重因材施教，因人而异。教学实践中，我尝试运用多种教学法激发学生练习兴趣，课堂引入体育游戏，让体育课堂欢声一片。在课堂实践中，我感到自己的课堂互动、情境创设及信息技术运用还有待提高。

教育理念：通过读书、学习体育等著作，我以学生为中心，注重培养学生的核心素养。在实际操作中，如何更好地平衡学、练、赛的关系，把握应试教育与素质教育之间的关系，我一直在深入思考之中。

学生管理：作为体育教师或者班主任，我能够关注学生的身心健康，努力营造班级的和谐氛围。随着时代的发展，学生的个性化特点逐渐突出，我的应对策略和沟通技巧还需进一步提升改进。

（二）目标设定

古语说得好："凡事预则立，不预则废。"我们乡村体育教师如果没有一个科学有效的教育人生规划，我们的专业成长就是盲目的、缓慢的，成就就会大打折扣，只有那些既有规划还有行动的体育教师，才会走得稳、走得快、走得好。教育规划，既要有长期目标，也要有短期目标。著名班主任郑立平先生多年前，在他的著作《把班级还给学生》中提出了自己的"八五规划"。郑老师的"八五规划"中，给了我一些启示，郑老师的规划蓝图通过实践得到证实。作为乡村体育教师的我，也一直在思考，我应该有什么样的教育人生规划？我就制定了最新的学年成长计划，如下：

2024—2025年崔建斌学年成长计划

1. 每日读书，实现一月2本，专业阅读和管理阅读相结合，每本书写读书感悟5000字；

2. 每日写作，每天写500字以上日记，在订阅号"学习即成长"推广；

3. 每日锻炼：工作日，与学生一起上阳光大课间，每天2次；周末，每天1小时乒乓球锻炼；

4. 文章发表或著作：计划在本学年完成自己的第一本著作。

以上内容虽然不多，但真正去落实、去完成，并不是件容易的事情，因为每天都要做，坚持下来就需要毅力。对于工作28年的我来说，我的长期规划还需要认真研究，先确定行之有效的短期计划，让自己的教育之路更加充实，才更有价值，更有意义。

（三）专业发展

目标 1：我通过阅读《学校体育》《中国学校体育》《班主任之友》等杂志，不断更新自己的教学理念和方法，提升自己的专业知识和技能，参加相关培训活动和课题研讨会，提高自己在体育教学和班级管理方面的专业知识和技能。

目标 2：提高学生的体育核心素养教学设计和实施有趣、具有挑战性的体育教学和社团课程，激发学生的学习兴趣和参与度，培养他们的同心互助和团队合作精神。

目标 3：建立融洽的师生关系。关注学生的个性化需求和兴趣，与他们建立良好的师生关系，积极回应学生反映的问题，营造融洽温馨的教学氛围。

目标 4：积极参与学校教改。根据学校思维澄清教学模式，我积极参与体育教学发展计划，与同事共同探讨体育教学模式和分享体育教学经验，主动参与学校举办的体育活动，如秋季田径运动会的策划、组织和赛事，为我校树立良好的形象而积极参与其中。

目标 5：参加我校在研省级项目"乡镇初中'一体两翼'差异化教学体系研究"，积累研究经验并发表相关论文。

以上是我未来一年作为乡村体育教师的个人成长目标，通过不断努力，我希望通过提升自己的专业能力，为学生提供更好的体育教学服务，为学校的发展做出更大的贡献。

（四）健康管理

乡村体育教师作为乡村教育的重要组成部分，承担着培养学生体育核心素养、增强学生体质的重要任务。我将从几个方面探讨自己的健康管理策略。

1. 建立健康档案

每年上级为全体教师进行身体检查，国家每年还为特级教师的我增加一次身体检查，我更清楚自己的身体状况，我将查体档案进行梳理总结，发现问题后，及时进行检查和治疗。到目前为止，我的身体非常健康，这对我增强健康意识和自我保护能力很有帮助。

2. 合理安排教学任务与工作时间

乡村体育教师的工作任务比较繁重，既要完成体育教学工作、必要的示范以及每天下午连续站着上四节课，还要每天两次组织阳光大课间活动，还要进行体育训练，组织学生参加比赛，这就需要强大的身体基础，所以，我就通过同心互助小组，培养了学生师傅，让学生教学生，减轻工作强度，既提高了工作效率，又锻炼了学生的语言表达和教授能力，还促使学生之间的关系变得融洽。

3. 加强体育锻炼与健身活动

体育锻炼是保持身体健康的重要手段。我主动树立健康意识，积极参与体育锻炼和健身活动。我利用每天的阳光大课间，与学生一起跑步，一起做操，每天在校内走动，从手机上显示的步数来看，每天 15000 步没问题，不用专门再去锻炼，也基本达到了锻炼的要求，这缓解了我的工作压力，增强了自身体质。此外，我利用周末时间，与朋友一起打乒乓球，养成定期锻炼的好习惯。

4. 关注心理健康与情绪调节

在工作中，乡村体育教师也常常面临各种挑战和压力，如学生不好管理、家长不理解等问题，这些因素容易导致体育教师产生焦虑、抑郁等心理问题。因此，我主动学习心理学知识和技能，从认知上解决自己的问题，忽视学生的弱点，从学生视角去理解他们，让自己能理解、能认知、不难受。同时，我善于发现学生的优点，经常鼓励学生，帮助他们学会自我调节情绪，通过做游戏、听音乐、去冥想等方式缓解师生压力，大家一起保持积极向上的心态，营造一个温馨的教学环境。

总之，之所以进行健康管理，我是为了让自己身体健康、提高工作效能而采取的一系列措施。只有这样，我才能有效实施体育教学，才能好好为学生上课，让自己更好地发展。

（五）团队合作与分享

与同事合作：积极参与团队活动，与同事分享教学经验和方法，共同提高教学水平。每个学期，我都与全体体育教师共同努力，在体育教学、体育训练及比赛等方面，边实践边总结，及时分享各自的经验；我与原体育工作室成员，定期组织教研活动，交流心得，与成员学校在体育教育教学上各抒己见，达到分享与收获共赢；我将在新加入的齐鲁教育名家工作室，以新成员角色，向各位成员学习，不断进步，快速赶上他们的步伐。

作为乡村体育教师，本学年我将降低身段，与学生加强交流，进行沟通，了解他们的真正需求和最佳期望，走进他们内心，做他们的朋友，了解他们的心声。在体育教学和班级管理中，有的放矢，因材施教，真正爱学生，真正解决他们遇到的困惑与迷茫，为教育教学提供最佳策略，让学生真正实现全面发展。

我在订阅号《学习即成长》继续推出我的每日分享，把每天发生的新鲜故事写出来，把每天有意义的事情发出来，扩大订阅号影响力，树立自己的体育品牌。

（六）自我评估与调整

本学年，我将自我评估分为两次，第一学期结束时，进行第一次；明年暑假开始前，进行第二次，来验证自己一年来的收获与成果。在自我评估中，我虚心听取家人、学生、同事的合理化建议，改进自己的行为方式，向更好的方向前进。

通过以上几个方面的努力，我不断提高自己的专业素养和管理能力，促进学生的身心健康和全面发展。

第三节 乡村体育教师个人成长的六字秘诀

（一）理念是行动的先导

作为乡村体育教师，我感受到只有树立正确的理念，采取积极的行动，养成良好的习惯，才能在个人成长和社会发展中取得成功。

就像杯子里有半杯水，有人看到了会说："不好了，只剩半杯了！"但有人就会说："太好了，还有半杯！"同样是半杯水，有人会关注没有的，有人会关注拥有的，不同的思维方式导致不同的结果。如果我们认为只剩下半杯水，那就是负激励；如果我们认为还有半杯水，这就是正激励。正激励就会让我们的思维走进良好的情绪，而负激励就会让我们产生消极的情绪，就会影响我们下一步的行动。看来，正向思维非常重要，只有我们的理念改变了，我们的行动才会变得积极，才会收到良好的效果。

本次教改中，我们学校创新性地提出差异就是资源，这就是理念的改变。视学生为差异，这样，我们就不会再把学困生当作累赘，作为负担去对待，而是利用这种差异，建立师徒同心互助小组，这就是创新性理念。长期困扰我们的问题一下子豁然开朗，这就是理念改变的结果，这是一件多么美妙的事情。

（二）行动是习惯养成的前提

理念问题解决了，随即而来的就是马上行动。在上一节我写到了规划与计划，其实，有句话说得很真实：只想不做，一切为零。行动是理念能得以贯彻的最重要的一环，只有行动起来，一切才有可能。比如，每天早晨我们都想早起，为此还设定了闹钟，即使闹钟按时响起，你依然为自己找到了不起床的理由：再睡一会儿，明天再说。这样，即使你有了计划，但行动不强烈，最终想法还是不会实施，因为你没有坚定去做，只是陷于空想之中。好的开始，是成功的一半，我就特别注重做好开头，马上行动，做着做着，很多事情就迎刃而解。

（三）习惯对行动的反作用

这些习惯反过来又会影响我们的行动。心理学中的 21 天定律指人们在学习新行为或理念时，通常需要 21 天时间，来巩固这个新习惯。这个定律被分为三个连续的阶段：

第一阶段是第 1—7 天，个体需要刻意地提醒自己保持新习惯，此时行为显得不自然。

第二阶段是第 8—14 天，个体适应新习惯，行为变得较为自然但仍需意识控制。

第三阶段是第 15—21 天，新习惯逐渐变得自觉且自然，不再需要意识去干预。

我在 2020 年 12 月创建订阅号《学习即成长》时，刚开始我就需要强化，一天天做下来，现在已经坚持好几年了，我也曾经做过总结，每天无论早晚，我都会在半夜 12：00 之前完成，绝不拖到第二天，有时候早完成了，就会觉得这一天轻松多了；有时候，如果自己到时间还没完成，就要提醒自己，这事还没做完呢！其实，这就是自己已经养成了习惯的缘故。

（四）习惯是理念和行动的产物

习惯影响着人们的日常行为和思维方式，良好的习惯可以帮助人们更好地实现目标，而不良的习惯则可能阻碍进步。通过去掉坏习惯、养成好习惯，我不断地提升自我，实现个人专业成长和发展。在这些年的成长中，我养成了许多好习惯，如健身习惯。

也谈打乒乓球中的坚持

在我喜欢的体育活动项目中，给我印象最深的就是与马老师打乒乓球，特别让我感受到坚持的力量。

周末午后时光，我约马老师去打球。说实话，马老师打球时间长，技术全面，步法灵活。而我也就是从这几年才逐渐培养了打乒乓球的兴趣，在步伐上没问题，但某些技术和打球时的临场反应就弱了些，但这不是一天两天能培养出来的。所以，在发每一个球、打每一个球、接每一个球时，都需要用心、用力，有时候自己性子急，很多时候我就提醒自己，不急，要稳下来，要打持久战，逮住时机猛然出手，这样的想法固然好，可时间长了又忘了，所以很多次猛打，让我认识到打持久战要深入骨髓，形成习惯，失误和被打败的机会就少了许多！

记得上师范时，学校两位老师经常在一起打乒乓球，一位急性子A老师，另一位慢性子B老师。每逢比赛时，B老师每赢一个球，他都会在乒乓球台后转三圈，A老师急得像热锅上的蚂蚁，最后注定要输在性子急上，而B老师因为善于以温和对战急性子，注定屡战屡胜！

不论是工作还是生活，都需要坚持、持久，很多事情因为坚守下来而成功！作为正在学习的学生，也需要静下心来，认真学习，毕竟心急吃不了热豆腐，慢工才能出细活！

以上是我打球后的日记，基本上反映了我养成习惯时遇到的问题以及进行的反思，人只有在行动中提高，在反思中觉醒，才能让行动与习惯互相作用。

综上所述，理念、行动、习惯三者之间存在着密切的关系。正确的理念，引导我采取积极的行动，通过不断地行动和实践，逐渐养成了良好的习惯，而这习惯又会反过来促进理念的实践和行动的持续，形成了一个良性循环，水到渠成。

第四节 乡村体育教师的读书、写作与反思

作为一名扎根乡村教育多年的体育教师，我深知自己肩上的责任与使命。乡村教育，尤其是体育教育，不仅要传授知识与技能、增强学生体质，更要培养学生坚韧不拔、勇于挑战困难的品质。在体育教学实践中，我始终坚持通过读书与写作，来反思自己的教学、反思自己的训练、反思自己的行为，以期不断提升体育教育教学质量，促进学生的全面发展。

（一）阅读：让人生丰富多彩

读书是提升自我、促进乡村体育教师专业发展的重要途径。我通过自己所做所想，为更多乡村体育教师提供更有效的读书思路。

1. 读书目的要明确

我们读书的目的，是为了提升本学科专业知识，还是为了寻找课堂教学灵感。明确目的后，我们才可以更有针对性地选择要读的书籍。作为体育教师，为了提升体育教学备课、上课、评课水平，我在线购买了于素梅老师的系列书籍，如《备课的门道》《上课的门道》《观课的门道》等，我们只有成为内行看门道，才能避免外行看热闹，才能真正提高自身专业水平，才会让课堂生机勃勃，充满笑声与快乐。只有选择了适合的书籍，我们才具备了读书的条件，后续工作才会有序展开，否则都是空谈。

2. 阅读时间要清晰

一本书，如果我们用了半年或者一年时间才读完，对于提高阅读水平，提升自己综合能力都是缓慢的，所以，合理安排时间，制订切实可行的阅读计划就十分必要。从时间安排来看，如果我们计划一个月读一本20万字的书，平均每天6000字，每天需要拿出30分钟时间来读书，

或者分为三次来完成，一次 10 分钟也是可以的，这叫化整为零。如果一个月读两本书的话，那就需要每天拿出一个小时进行阅读，就需要更加仔细计划读书时间，一般早读或者睡前阅读都是可以的，这是整块时间阅读。如果周末时间比较宽松，可以把读书时间放到周末或者每天晚上，这叫集中时间阅读。无论怎样阅读，都要考虑阅读的整体性和连贯性，从而保障阅读的数量和质量。

3. 阅读方法要多样

作为乡村体育教师，选择有效的阅读方法，也非常必要，我在阅读时，一般采用快速阅读、精读、回读等方法。快速阅读就是对于内容不是很深奥，只是为了解其大意，便采用这种方法，将重要句子进行标记，记录在本子上即可；如果是精读，就需要一字一句进行研读，不明白、不清楚还需要通过百度查询、字典查意、在书上标记并记录下来，为以后进行复习做准备；回读的书籍，是极为重要的书目，需要反复读，甚至有些段落达到背诵。在读书时，也可以尝试使用思维导图等方法来整理阅读内容，提高理解和记忆效果。一个思路清晰的思维导图，让整本书的框架一目了然，对于全书的理解和把握非常重要。

读书是一个持续的、系统的、连续的过程和工程，乡村体育教师只有保持对新知识、新技能的好奇心和想读书的欲望，才能真正感受到读书的乐趣、读书的收获。在不断读书、写作与反思中，增加阅读体验，厚重自己，不断提升自己的阅读和教学能力，为乡村振兴发挥更大的作用。

（二）写作：记录我的成长

在阅读的基础上，我尝试进行写作，这是一个逐渐提高、熟练的过程，也是一个涉及多方面能力和技巧的过程，通过深入观察生活，储备素材；通过深入思考，进行反思提炼；通过坚持，提高写作能力。

1. 写作需要深入观察与思考

观察生活，储备素材

乡村体育教师在乡村进行义务教育，拥有丰富的教育资源和生活素材。在学校生活中，我发现学生差异就是很好的资源，我注重观察身边的人和事，特别是学生的成长变化、乡村学校的现状及变化，这些都是很好的写作素材。只是观察还不够，还要不断给学生提供帮助，搭梯子，让学生在同心互助中一点点成长。在重要节日、关键事件中，师生一起见证、一起体验活动的意义，这就是生活带来的写作素材，让我们有了充足的、鲜活的、与生活密切相关的素材，为写作打下丰厚的基础。

深入思考，反思提炼。在观察生活和教育的基础上，还需要进行深入地思考和分析，提炼出有价值、有深度的主题观点进行写作。我从教育现象、体育教学反思、班级管理及个人经历等多个视角入手，挖掘其背后有意义的问题进行思考，进行写作。

2. 写作需要技巧与方法

写作要明确目的意图。

每次写作前，我先明确写作目的是什么，写出来给谁阅读，以便有针对性地选择写作内容和表达方式。只有考虑清楚了，写作才具有针对性，让读者喜欢。如果没弄清楚谁来读，写出来的内容就会无的放矢，乱七八糟。

写作要注重结构布局。文章的开头、正文、结尾都很重要。开头需要考虑怎样开头才能引人入胜，吸引读者的眼球，让读者喜欢你的文章；正文要条理清晰、论证充分，有条理的文章读者愿意读，能看出文章清晰的思路脉络，其实就是读者和作者在心灵对话；结尾要总结全文，达到升华主题的效果。所写文章，无论是小巧的短文，还是大块的文章，都需要合理布局，一目了然，赏心悦目。

写作要注重语言表达与修辞。语言表达只有准确、流畅、简洁，才会让读者轻松理解全文，在阅读中适当出现比喻、排比等修辞，让全文更加形象生动，富有感染力，这才是赏心悦目的文章，自己的写作水平自然会提高。

3. 写作需要坚持与方法

写作需要勤写多练。

写作是一个勤写多练的过程，刚开始，也许会不熟练、不在行，经过时间的锤炼，随着练习次数的增多，就会由生到熟、由低水平到高水平，逐渐进入写作状态，成为一个熟手和高手。任何人写作成功，都是不断练习、日积月累的结果。就是在坚持中，我的写作水平一点点提高，由原来的写作"小白"到今天的信手拈来。通过坚持不断地写作实践，我提高了自己的写作水平。

发表文章要多研究刊物栏目特点。

加入"心语"前，我没有发表过一个字，自从加入"心语"后，我得到了锻炼，也在"心语"团队这个平台得到了机会，先有几百字的小文章，后有几千字的文章发表，都是自己主动参与、认真准备的结果。跟随团队，机会就会多些。无论怎样，都需要研究相关刊物特点，经常参与，与编辑互动，交流多了，获得的经验也就多了。了解了刊物栏目的特点，有的放矢去写作、去投稿，发表的概率就会多些。我认为，主动撰写文章，再积极向教育报刊、网站等媒体投稿，就会获得更多的反馈和认可，发表的文章多了，就会进一步激发自己的写作热情，形成良性循环。

总之，乡村体育教师写作是一个不断学习和不断实践的过程。通过深入观察与思考、掌握写作技巧与方法、研究刊物栏目特点等方式，在实践中不断提高自己的写作水平，可以增强自己的成就感。

（三）反思：让自己螺旋式上升

乡村体育教师进行教学反思不仅是教师专业发展的重要环节之一，也是提高教育教学质量的重要保障，它有助于体育教师提高教学效果，提升体育教师个人的教学能力。

1. 反思有助于提高教学质量，促进个人成长

体育教师进行反思，能够帮助自己及时发现和纠正自己体育教学中出现的不足，审视自己的教学目标、教法学法和资源的利用情况，及时进行调整，针对学情进行个性化教学，提高学生的学习动力和学习效果，从而对自己的专业成长进行全面深入的思考，不断提高理论水平和实践能力，不断完善自己的教学方式和方法，从而促进个人持续不断地成长。我校实行思维澄清课堂模式以来，我认识到教学中的亮点和不足，查缺补漏，扬长避短，收到了不错的效果。

2. 反思有助于促进学科研究与创新

近几年，随着体测智慧校园的展开，作为乡村体育教师的我也在思考，用什么手段来提高学生的技术技能，因为运用智慧校园意味着每位学生都需要录入信息，都要刷脸、进入测试状态，一旦测试，每位学生的成绩就会自动生成，完成赋分和评价，这分数就成为当前八年级学生最终的体育测试成绩。我们针对这种情况，全体体育教师决定以"聊城市体育统考背景下初中学生增强体质和运动技能的策略研究"为研究课题，思考如何以提高学生运动技能作为研究点，如何把热点与难点相结合，我们将要进行研究，这既是为学生，也是为学校，同时还将提高全体参与人员的研究水平，可谓一举三得，这就是我们针对我校学情、考试热点所思考反思的结果。只有认真反思，我们才会有收获。

通过反思，乡村体育教师能够深入思考自己教学工作中遇到的具有挑战性的问题，发现体育学科中的难题并进行研究，从而激发我们探索

学科本质的动力。有针对性地反思，不仅能够增加体育教师研究的深度和广度，还能够推动体育学科教育的发展和创新。

3. 教学反思有利于寻找教育的意义与价值

教学反思，让我从体育教学实践中找到了教育的真正意义与价值。通过反思，我深刻地体会到教育的意义，教师的使命和责任就是要根据每位同学的需要，制定相应的措施，因材施教，因人而异。在体育教学中，我们要站在体育学困生的角度理解他们，带领他们一点点进步，从走、跑、跳、玩入手，让他们在玩中绽放自己，敢于去锻炼，勇于去挑战，累并快乐着，这就是反思的价值与意义，这就是我们勇往直前的理由。

通过教学反思，我深入思考教育的目标与理念，明确体育教育的本质和长远目标，为教育事业注入更加深刻的思考和动力，并将其贯穿于教育教学的全过程。

后　记

"起点低不可怕，水平低不可怕，学历低不可怕，重重困难不可怕，屡屡受挫不可怕，只要追求的大旗不倒，我们一定能创造生命的辉煌。"这句全国著名德育专家张万祥老师对张国东老师的鼓励，我认为也适用于我。

我出生在临清市康庄镇（原康盛庄乡）东崔楼村。自小学时，我非常用功，但效果不佳。只是上了初中，我遇到了第一位恩师康玉玲老师，她让我的求学经历有了重要的改变。我的成绩随即好了一些，我也成了班干部，虽然仅仅是卫生委员，但在我心目中，那是老师对我最大的褒奖。到了初三，因为偶然参加了一次田径运动会，两个项目还获奖了，这成为我一生引以为傲的事情，我有了更多的自信，那就是我的体育素质还行，这也是我人生遇到的第一个关键事件，也是我想做体育老师的最初原因。否则，我就不会走上教育事业，就不会成为体育教师，我的人生都将重新改写。

如今，我负责学校体育工作，负责学校卫生工作，这与我那个时代担任卫生委员、体育委员密不可分。自己现在负责的师训工作与昔日的行为没有关系，但这得益于我走出烟店，认识贵人，加入"心语"，开始参与研讨活动，开始读书，开始写作，并且偶尔有文章发表。因为参与多一些，机会就多一些。学习就是机会，但机会不可复制。我的文章发表了，相应一些荣誉称号也来了，当获得聊城市优秀教师称号的时候，我的各种培训也相继到来。2011年暑假，我主动要求参加了三人行班主任培训，我成为山东省第4001名被补录的班主任学员，为此，我写下了一篇题为《我与班主任培训的苦恋》的文章。只有经历过，我们才能体会到"痛并快乐着"的含义。在周村回来的路上，因为我乘坐的客车半路抛锚，我偶遇一位去淄博卖臭豆腐的人，一同在灯泡照耀下的闷罐车里畅谈而回，这就是所谓的行万里路吧。有时候，人生真的不知道下一站会怎样。2014年，我在郑州火车站等候24路公交车前往一米阳光酒店参加学习，为了乘坐一辆已经启动的公交车，发挥我体育教师快速奔跑的本领，一路狂奔，终于将公交车拦下，这就是人生经历的最好的故事，不可复制。

2017年，我被评为特级教师，2019年再度被评为山东省优秀教师。这个阶段，我认为前进之路是比较平坦的，基本上没有遇到过很大的困难。人有时候在顺利的情况下，从来不想挫折，可是在2019—2022年，我的齐鲁名师建设人选培养期结束时，我遇到了问题，因为我的研究成果不足，我的名师期限被延迟了。现在想一想，有时候，我也需要在某个时候被敲打两下，让自己清醒一些，否则就会迷失方向，没有了前进的动力。记得2019年参加体育国培的时候，张老师告诉我："你的成长中，幸运的机会多了些，你需要深入学习！"我认识到我需要深耕！

今天，在书稿完成之际，我要感谢张万祥老师，因为他推荐的书，我有了悦读，有了感悟，有了反思。

我特别感谢郑立平老师。十几年来，他对我无微不至的引领，我无以为报，每次相遇都是真诚的关心，每次的网上交流都是正能量和鼓励，每天的日记，他都会给予小红心加以鼓励。

感谢于源溟教授。无论什么时候、什么地点，我有了困惑，他都会倾囊相助。这样一位专家，一位实心实意帮助我的人，我在内心深处，只有深深地感谢。

感谢李泽红老师。2019年，我们因名师培养沙龙相识，这些年来，她都是真诚地帮助我精进自己的专业。邀请我加入齐鲁名师领航工作室，加入齐鲁名家工作室，让我不断受到熏陶，不断成长。

感谢我的夫人，这些年来，义无反顾地操持这个家，无怨无悔。感谢我们的孙隆校长，来到烟店镇中学，就大刀阔斧进行课改，申报项目、举办现场会、召开展示会，把一所原来无人问津的农村初中，通过专家指导，旧貌换新颜。据说，冠县教体局与临清教体局将组建轴承链联盟，与大家一道，为各自家乡无悔付出。感谢我们学校的老师，他们用宽容、敬业、主动，与学校一道共同课改，取得一次又一次成果，他们是最棒的。感谢我教过的孩子们，他们为班级做贡献，自己养成好习惯，成就自己好命运。在与他们交往中，留下一路欢歌，一路收获，为他们而骄傲。

感谢最后为本书进行校对的全体成员。孙福锋和田孺老师，他们用独特的视角对本书第一章节进行仔细而专业的校对；感谢张海霞和徐敏老师，她们从青年教师的视角来校对本书序言和第二章的内容，可以说精益求精，一丝不苟；感谢刘馨悦老师，作为公费师范生的优秀代表，几年来快速成长，在校对第三章内容时，认真而仔细；感谢徐怀旺和柳忠政老师，做事扎实，用对待工作的态度对第四章和后记内容进行校对，可圈可点。

更要感谢为此书付出的编辑，他们百忙之中，对书稿提出高屋建瓴的宝贵意见，使知识体系更加完善，内容更加具体充实，他们用心用力，谢谢他们。

此书，经过几十年的积淀，经过一次又一次的思考，今日成文，特别是最近的日子里，我晨想暮思，时而冥思苦想，时而伏案疾书，今天基本完稿，终于可以稍作歇息了。

2024 年 10 月 17 日于学校